Without realizing, suddenly, there
you are - in a place, within a given
time, and things come together.
A sense of exchange, a contact made,
something spoken and returned in
another's speech. We might say,
a dialogue starts that includes all
sorts of content: stories of grow-
ing up in Los Angeles, another about
playing guitar late at night with
friends, and still others that are
just comments, about the weather,
or about where to go for lunch
(potatoes?) - voices pass back and
forth to find or create a space for
sharing. Something grows.

In recognizing this we also recognize the potential in such sharing, and the space of voices expands as an invitation to others: that is, the circle widens, and suddenly, there you are, in the midst of a small crowd. Something begins to happen, no longer a space for sharing, but maybe a condition for making: other stories start, and then time passes, until we speak of things we imagine, or would think of creating. We might say, something begins to circulate.

It is just such circulation that forms the ground for this publication, and which it also hopes to further support and generate: that is, this publication is about circulation as well as offering itself to be circulated. It is a space, and it is a kind of manual to be used. It reflects past stories, while being the result of newer ones; and quite possibly, the beginning of ones to be made.

It comes to document and suggest a spirit of careful intervention, expressing vocabularies and routes toward circulation *as* meaning: not a form of representation (though that plays a part – already this book represents something), but more a thinking that is also a sharing. In order to get at these vocabularies and routes it was important for us to continue the journey of our initial work, to tell the story and then to follow it further. This publication then begins with a single action and opens up to a network of actions: the making of a cart in the city of Curitiba in Brazil as a response to the carts already to be found in the city pushed by individuals living in nearby favelas and who survive through economies of recycling. To include this delicate topic within an artistic scene is to locate it within an allegorical staging, giving a certain reflection onto its actions. Yet following the figures of unofficial waste collectors through the construction of a cart in resemblance to their own further forced a tension onto the creative imagination, challenging our sense of who we are and what our role could be. Such uncertainty though also allowed a concern for what it means to separate garbage, of

De repente, sem que sequer se dê conta, você está aí: num dado espaço, num certo tempo, e as coisas reunindo-se, acontecendo a teu redor. E há então o contato feito, o intercâmbio, e já se percebem no discurso do outro os reflexos de alguma coisa que se disse. Começa-se um diálogo que inclui todo tipo de assunto, tocar violão, histórias sobre haver crescido em Los Angeles, as condições climáticas ou até mesmo possíveis lugares para almoçar - batatas? E enquanto isso, vozes nos rodeiam, vozes que buscam gerar um espaço de compartilhamento. Algo se expande.

Quando percebemos isso, percebemos também o potencial desse intercâmbio, e vê-se dilatar o espaço das vozes, como um convite a outros. O círculo se amplia. E de repente aí está você em meio a uma pequena multidão. Algo começa a acontecer, não mais apenas um espaço para partilhar, mas talvez uma condição à construção: outras histórias iniciam-se, e o tempo passa enquanto trocamos palavras sobre aquilo que faremos, que arquitetamos fazer. As coisas começam a circular.

É exatamente essa circulação que fundamenta o solo desta publicação. Por sua vez, esta publicação espera – pretende – gerar circulação. Quer dizer, a presente publicação tanto versa sobre circulação quanto se propõe a circular. É um espaço e também um manual a ser usado. Reflete histórias passadas, é resultado de algumas recentes e, bem possivelmente, o começo de outras vindouras.

Este é o documento de uma intervenção cuidadosa, que buscou vocabulários e caminhos que fizessem sentido, que produzissem sentido. Quer dizer, esta publicação não deve ser entendida como uma forma de representação (embora represente algo), mas antes como uma reflexão e um compartilhamento. Com vistas a lograr esses vocabulários e caminhos, é importante que prossigamos a jornada de nosso trabalho inicial: contar a história e segui-la adiante. Este livro começa, portanto, com um simples ato e abre-se para uma rede de ações: a construção de um carrinho-de-catar-papel em Curitiba, Brasil, como uma réplica aos carrinhos já existentes, puxados por indivíduos habitantes de favelas e que vivem da coleta e reciclagem do lixo. Incluir esse delica-

living in slums in the city suburbs and favelas, of the early work of children, of aged people carrying uncomfortable loads through the streets of the city in long distance rides, of having none of the benefits of the formalized working class, of sleeping and living in the same environment where garbage is separated and stored – all of this came to stimulate a signifying intervention, leading to the question: might an invitation for people or a "public" to come and share the same space and time of an exhibition make more relative the disposition of artistic concepts? The work then surfaced as a circulating gesture, collecting, building, and in turn, gathering through creating a social scene: that of meals cooked and shared weekly during the month of the exhibition and served on a table built from wood found on the streets.

A series of questions were raised from this work and which continue to act as threads throughout this publication, such as: how to negotiate the position of artistic privilege when seeking to explore the conditions and lives of those less fortunate? And how might such tensions inform artistic work as a productive uncertainty and unease? The move toward such tensions partially acts as the underlining text of our cart project, raising further questions rather than resolving into any stable focus or relation. This initial work came to generate further actions and constructions, and led to an increasingly open structure, where it felt important to continually invite and allow the input of others, to keep tense the core elements as a narrative of multiple voices and directions. This gave support to our initial impulse, turning the work into an extended contextual play in which we also recognize how the script of the work can at times perform a contextualizing action by locating those it features within particular languages.

In documenting this work we imagine the publication as another form of vehicle to gather other texts and projects that meet our own and resonate with ideas of circulation, artistic processes aimed

do assunto no ambiente artístico não é senão colocá-lo num cenário alegórico, propiciando alguma reflexão sobre o ato mesmo de fazê-lo. O sempre presente vulto da figura de coletores, enquanto realizávamos a construção do carrinho, gerou uma tensão em nossa imaginação criativa, desafiando a concepção de quem somos e de qual o papel que estamos a desempenhar. Essa incerteza também produziu-nos interesse sobre o que significa separar o lixo, viver em favelas espalhadas pelos subúrbios, habitar e dormitar no mesmo lugar em que o lixo é armazenado e separado. Tudo isso nos veio estimular uma intervenção significativa e conduziu-nos à seguinte questão: é possível que um convite a pessoas, ou ao "público", para que venham partilhar o mesmo espaço e o mesmo tempo de uma exibição, relativize a disposição de conceitos artísticos? Nosso trabalho então caracterizado por um movimento de circulação, coletagem e construção, completou-se na criação de uma cena social: uma refeição preparada e servida semanalmente durante a exposição, numa mesa construída com madeira encontrada nas ruas.

Uma série de questões imergiram desse trabalho e persistem vivas nesta publicação: como compreender e situar a posição privilegiada da arte e do artista quando, e enquanto, exploramos as condições de vida dos menos afortunados? E em que medida podem essas tensões imprimir ao trabalho artístico incertezas e inquietudes produtivas? O levar adiante essas questões condiz com o discurso que subjaz à construção do carrinho: levantar questões mais que buscar respondê-las sob um determinado foco ou relação. Quer dizer, aqui mais vale manter a pergunta que chegar a alguma resposta. Com efeito, esse trabalho inicial tende a multiplicar-se em ações e construções futuras, conduz – espera-se – a uma crescente estrutura. Estrutura essa que demanda a participação e inclusão de outros, a fim de manter tensionado e vivo o coração da obra como uma narrativa de múltiplas vozes e direções. Isso dá suporte ao impulso inicial, inserindo o trabalho num longo jogo contextual no qual nós reconhecemos o como e quanto é possível realizar uma ação contextualizada ao situá-la no interior de peculiares sistemas de linguagem.

at nurturing social exchange, and which hope for other routes towards sharing. And to keep in movement our own position in relation to the specific politics embedded within the favela communities so as to prolong the work as a process of discovery. The contributors participating in the publication speak of carts, vehicles, circulation, protest and invitation as both ends and means for nurturing critical and creative perspectives onto the scene of contemporary culture. The geographic references that are mentioned are intentionally varied, though the conversation between English and Portuguese, Anglo-American and Brazilian, sound out as an echo of the ongoing exchange the initial work began.

In considering the related work and its publication a number of conceptual themes came to surface, notably, what we have spoken of as the intersection of the formal and the informal. This intersection might be said to move as an undercurrent to the projects documented and referred to here, an undercurrent consisting equally of formal and informal narratives, modes of speech, and importantly, notions of cultural exchange. Following Ricardo Basbaum's enclosed map, which documents his project of circulation, we might highlight this constellation of themes as a cartographic supplement – a map of the movements of existing exchanges that move in and out of audibility and visibility, and which comes to suggest further relational contact. At the center is a knot of intention based on recognition of the importance of being receptive to what lies outside the center, which often comes to form the core dynamic of what we imagine as *the work*. And further, to embrace those moments of frictional contact even while knowing one is already trespassing.

Documentar este trabalho numa publicação é concebê-lo como um veículo de reunião de outros texto e projetos que aproximam-se do nosso, e fazer ressoar as idéias de circulação e de processo artístico enquanto intercâmbios sociais e educativos. E também para manter em movimento nossa posição em relação às políticas específicas aplicadas nas comunidades de favela, assim como prolongar o trabalho como um processo de descoberta e conhecimento. Os colaboradores desta publicação falam sobre os carros, veículos, circulação, protestos e convites, sempre com vistas a uma educação crítica e a uma perspectiva criativa no cenário cultural contemporâneo. A multiplicidade de referências geográficas é proposital, embora seja possível que o diálogo entre os idiomas Inglês e Português, o Angloamericano e o Brasileiro, possa soar (deliciosamente) como eco do recente intercâmbio que esse trabalho deu início.

Por fim, vale dizer que todo o trabalho comentado aqui articula inúmeras questões conceituais, notadamente aquilo que se vem chamando de intersecção entre o formal e o informal. Essa intersecção pode ser entendida como um pano de fundo aos projetos documentados e referidos, o qual consiste tanto em narrativas formais e informais, modos de discurso e noções de intercâmbio cultural. Detendo-se no mapa de Ricardo Basbaum, constante desta publicação, e que documenta seu projeto de circulação, podemos visualizar toda uma constelação de temas: a cartografia dos movimentos de intercâmbio existentes, que entram e saem dos campos da audição e visão, e que sugere contatos relacionais suplementares. No centro vê-se o nó central, que se fundamenta no reconhecimento de ser/estar receptivo ao que jaz fora do centro; o que, não por acaso, vem a conformar o núcleo disto que nós imaginamos ser *a obra*. E mais adiante, abraçarmos os momentos de fricção e contato, mesmo sabendo que já estamos a superá-los.

Octávio Camargo & Brandon LaBelle

# CONTENTS

# COUNTERPARTS / CONTRA-PARTES
Brandon LaBelle

*They spend every afternoon having a beer at the kiosk across the street – this hour becomes a small ritual, with the late heat of the day and the cold beer inspiring conversation.*

Speaking through gestures, sharing communications not solely as words, but as embodied movements that carry with them the intractable tracings of cultural history: cooking, cleaning, collecting, building, traversing city streets and sharing symbols, all come to embody, through a loose and enveloping signification that should be read accordingly, the differences that language – may, at times – suppress or pass over in favor of a firmness of meaning or its total loss. In this way, we set about, by being vulnerable and unsure, ambitious and hopeful, to coalesce fragments of knowledge in discovering how cities and bodies relate: from collecting garbage to learning how to cook, from meeting with city officials to networking multiple digital nodes, the question of locality was brought forward not as an accepted culture, but as an interlacing of varied practices and productions, hesitations and mumbling. Systems of urban infrastructures, vehicles for unofficial recycling, over-writing historical fact with city legend, the tracing of invisible homes inside every home, and the channelling of input and output as the promise of networking – such were the ingredients by which the fabrication and the extension of an art exhibition took place.

*Eles passam todas as tardes tomando cerveja num quiosque do outro lado da rua – esta hora se torna um pequeno ritual, com o calor do fim do dia e a cerveja gelada inspirando conversa.*

Falando por gestos, partilhando comunicações não somente em palavras, mas como movimentos corporificados que trazem consigo os indeléveis traços da história cultural: cozinhar, fazer a limpeza, coletar, construir, atravessar as ruas da cidade e partilhar símbolos, tudo vem dar corpo, através de uma significação aberta e também cifradora, que deve ser lida de acordo com as diferenças que a linguagem pode, às vezes, suprimir ou passar adiante em favor de uma firmeza de significado ou de sua total perda. Desta forma, iniciamos, sendo vulneráveis e inseguros, ambiciosos e esperançosos, a reunir fragmentos de conhecimento na descoberta de como as cidades e os corpos se relacionam: da coleta de lixo ao aprendizado da culinária, do encontro com representantes oficiais da cidade ao relacionamento em rede com múltiplos nódulos digitais, a questão da localidade foi trazida não como uma cultura consolidada, mas como o entrelaçamento de práticas variadas e produções, hesitações e murmurejares. Sistemas de infra-estrutura urbana, veículos para reciclagem não oficial, sobrescrevendo o fato histórico com a lenda da cidade, o traçar de casas invisíveis dentro de cada casa e a canalização de entradas e saídas como uma promessa de network, tais foram os ingredientes com os quais a fabricação e a extensão de uma exibição de arte teve lugar.

*Surface Tension_Curitiba aconteceu na Galeria Ybakatu em Curitiba, Brasil, em Janeiro de 2006 e foi o resultado de colaborações entre Octávio Camargo, Ken Ehrlich, Brandon LaBelle e Guilherme Soares. O que surgiu foram instâncias de coleta de informações, fazendo observações, partilhando e discutindo pontos de vista, edificando e construindo forma e, por último, tentando tornar efetivo um conjunto de negociações com o que é possível alcançar: perspectivas individuais estavam implicadas no*

*Surface Tension_Curitiba was held at Ybakatu gallery in Curitiba, Brazil, January 2006 and was the result of collaborations between Octávio Camargo, Ken Ehrlich, Brandon LaBelle, and Guilherme Soares. What surfaced were instances of gathering information, making observations, sharing and arguing viewpoint, building and constructing form, and ultimately, attempting to realize a set of negotiations with what is possible to achieve: individual perspective was implicated within the momentum of the project, as embodied research with a view toward allowing the environment to impress itself upon the motivations and ambitions of making collective work.*

What does it mean to desire *rapport* with location, as central to the making of artistic work?

The exhibition was built from an interest, an impulse, to make connections. What surfaced, in the realization, in the actual meeting, were a series of engagements that in turn brought forward disparities and disjunctions: I came from Copenhagen, Ken came from Los Angeles, Guilherme and Octávio came from Curitiba, and the gallery functioned as a space for interacting.

The afternoon sun rests on the windowsill, he drinks water from a glass, and his girlfriend smiles; what the hell is happening the other thinks, as the smell of flowers flow through from the kitchen back door, ajar to the summer heat now in January. Where is this going he again wonders … And yet he knows, that this is what he wanted – the friction, the place of negotiation, the uncertainty and the doubt … This is generally about nothing else but the meeting, the possibility (or what Ines also mentioned to him the other day, in Berlin, with another summer heat (years later) falling from the sky in anticipated rain) – how might we locate a sense of political subjectivity in this disparate geography of cultural production?

*A story of a cart*
The city is meaningful, and disruptive of meaning; it is legible, and antagonistic to lexicon. It

*momento do projeto, como pesquisa materializada com um olhar em direção a permitir ao ambiente imprimir-se sobre as motivações e ambições da feitura de um trabalho coletivo.*

O que significa o desejo de *rapport* com a localidade, como central à feitura de um trabalho artístico?

A exibição foi construída a partir de um interesse, um impulso, de fazer conexões. O que surgiu como superfície, na execução, no encontro concreto, foi uma série de comprometimentos que, por sua vez, movimentaram disparidades e disjunções: Eu vim de Copenhagen, Ken veio de Los Angeles, Guilherme e Octávio vieram de Curitiba, e a galeria funcionou como um espaço para interação.

O sol da tarde descansa sobre o parapeito da janela, ele toma água de um copo e sua namorada sorri: que diabos está acontecendo? O outro pensa, como o cheiro das flores flui através da porta dos fundos da cozinha, entreaberta ao calor do verão em Janeiro. Aonde isto vai dar? Ele novamente pensa … E ainda sabe que isto era o que ele queria – a fricção, o lugar de negociação, a incerteza e a dúvida … Isto geralmente não é sobre nada além do encontro, a possibilidade (ou aquilo que Ines também lhe mencionara outro dia, em Berlim, com outro calor de verão (anos mais tarde) caindo do céu em chuva antecipada) – como poderíamos localizar um sentido de subjetividade política nesta geografia díspar de produção cultural?

*A História de um Carrinho*
A cidade significa e desconstrói significados; ela é legível e antagonista ao léxico. Ela promove participação e divide de acordo com fronteiras insuperáveis; ela é puro ritmo e seu último pulso. Uma cidade é cheia de corpos e uma série de sistemas relacionados. Engajar a cidade, dentro do contexto de uma investigação artística, é confrontar tal arranjo de informações e intenções, culturas e pessoas, alinhadas e entrecruzadas através de fronteiras imaginárias e reais, históricas e transitórias. É para, por

promotes participation, and divides according to insurmountable borders; it is pure rhythm, and its ultimate fraying. The city is full of bodies and a series of related systems. To engage the city, within the context of an artistic investigation, is to confront such an array of information and tensions, cultures and people, aligned and intersecting across borders imaginary and real, historical and transitory. It is to in turn find oneself intertwined in an equally diverse set of conversations and negotiations, contradictions and uncertainties, especially when it comes to slipping over the lines of demographic barriers, cultural values, shared language.

Richard Sennett identifies the city as the ultimate site of diversity and the intertwining of differences. Maybe we are here to discover and promote the ultimate expression of this … to live it out, as an articulation or the beginnings of a political subjectivity defined alongside the contemporary problematics of politics in general – particularly as the collaboration comes to embody the very tensions between north and south, first and third, as concrete and psychic relations balanced across the further problematics of global capital. He thinks of that book he read by Rene Gabri, which is about many things but at the core it seems is the investigation of the very possibility of being political today – of locating oneself in relation to such extensive challenges. (The other day he went with Ines, Ken, Mathias and Jeremiah to hear Barack Obama speak in Berlin … He walked away completely depressed …)

In deciding to turn the work into a process of interaction and collaboration, the city of Curitiba became both a context and medium – it functioned as the site through which to locate ourselves (as bodies on trial …?). Coming to relate to the city of Curitiba, as participants and as visitors, as searchers and as friends, our focus turned to the existence of unofficial waste collectors in the city. Pulling hand-built carts through its streets in search of recyclable waste, these collectors unofficially supply the city with a vital labor force: the collectors serve an existing recycling program (promoted by the city as exemplary of its overall urban vision) by lending

sua vez, encontrar-se entreposto em um conjunto igualmente diverso de diálogos e negociações, contradições e incertezas, especialmente quando se trata de deslizar sobre os contornos das barreiras demográficas, valores culturais, linguagens partilhadas.

Richard Sennett identifica a cidade como o sítio ulterior da diversidade e do entrelaçamento das diferenças. Talvez nós estejamos aqui para descobrir e promover a ulterior expressão disto … para vivenciá-la, como uma articulação de inícios, de uma subjetividade política definida ao longo das problemáticas contemporâneas da política em geral – particularmente quando a colaboração vem a corporificar as mesmas tensões entre norte e sul, primeiro e terceiro, como relações concretas e psíquicas balanceadas através das problemáticas últimas do capital global. Ele pensa sobre aquele livro que lera de Rene Gabri, o qual trata de muitas coisas, mas no cerne parece ser a investigação da própria possibilidade de ser político hoje em dia – de localizar a si mesmo em relação a tão extensos desafios. (Outro dia ele foi com Ines, Ken, Mathias e Jeremiah ouvir Barack Obama falar em Berlim … Ele foi embora completamente deprimido …)

Ao decidir tornar o trabalho em processo de interação e colaboração, a cidade de Curitiba tornou-se ambos, um contexto e um meio – ela funcionou como o sítio através do qual nos localizaríamos (como corpos em um julgamento …?). Vindos a nos relacionarmos com a cidade de Curitiba, como participantes e como visitantes, como pesquisadores e como amigos, nosso foco direcionou-se à existência de catadores de lixo não oficiais na cidade. Puxando carrinhos construídos à mão através das ruas na procura de lixo reciclável. Estes catadores de maneira não oficial fornecem à cidade uma força vital de trabalho: os catadores servem a um programa pré-existente de reciclagem (promovido pela cidade como um exemplo de suas diretrizes urbanas) emprestando-lhe uma adição complexa e complicada, a da troca injusta. Pois os catadores contam com o lixo da cidade como uma economia pirata, e a cidade, por sua vez, conta com os catadores, adotando a sua pobreza como uma fonte

to it a complicated and complex addition, that of uneven exchange. For the collectors rely upon the city's waste, as a pirate economy, and the city in turn relies upon the collectors, adopting their poverty as a radical source of efficiency: the collectors are there, every day, swarming through the streets, shadowing the official collectors and their trucks, hoping to get there first … Such an exchange invisibly disrupts the existing system of city management by making visible, through the provocation of the cart on the city street, its own unspoken condition: the cart is both a familiar object as well as a symbol of suppressed poverty. (To name this condition though is to enter a field of the political, which from this vantage point is difficult to name: it is difficult because it implies or presupposes or requires the performative nature of naming – it is to condition the very terms by which description may take place, and by which relations may be formed, in and of themselves. To call the cart and those who push it by name is to already inaugurate or to overlay meaning where it will always fall short, where it is already more than the name itself … How might I know what meanings the cart really contains?) While the political is embedded already within the artistic work (and already also within this text, as a descriptive movement from afar, as an attempt, as a question) it is on the surface of the work's own performance that we might allow a debate around naming to take place – might the cart as a material form, as a sign, then become a site for discussion? This is what he begins to wonder as they visit a house in the city – a woman lives here in the midst of so much trash and shit, punctuated with chickens and a heap of cats, it is hard to distinguish a proper domestic form … To perform, by way of implicating one's own presence, in and against the performance of the city and its related systems … here is where the cart enters, as a vehicle that supplies the investigation with its own medium, its own curiosity, and its own poetics, as a transformative object: to appropriate the cart as a vehicle that literally cuts across the city and brings forward the very urban and social systems that partially define bodies.

radical de eficiência: os catadores estão lá, todos os dias, serpenteando pelas ruas da cidade, lançando sombra à coleta oficial e seus caminhões, esperando chegar lá primeiro … Tal troca invisivelmente rui o sistema existente de administração da cidade tornando visível, através da provocação do carrinho nas ruas, sua condição não expressa: o carrinho é ao mesmo tempo um objeto familiar tanto quanto um símbolo de pobreza reprimida. (Dar nome a esta condição, no entanto, significa entrar no campo da política, que deste ponto de vista é difícil nominar: é difícil porque implica ou pressupõe ou requer a natureza performativa de nominar – é para condicionar os próprios termos pelos quais a descrição pode tomar lugar, e através da qual relações podem ser formadas dentro e por si mesmas. Chamar o carrinho e aqueles que o puxam por um nome já é inaugurar ou sobrepor significado onde ele sempre será falho, onde ele já é mais do que o nome em si … Como posso eu saber quais significados o carrinho realmente contém?) Enquanto o político está embutido num trabalho artístico (e já também dentro deste texto, como um movimento descritivo de longe, como uma tentativa, como uma questão) é na superfície da performance do próprio trabalho que nós podemos permitir que aconteça um debate sobre a nominação – pode o carrinho, como uma forma material, como um signo, então tornar-se um sítio para discussão? Isto é o que ele começa a pensar enquanto visitam uma casa na cidade – uma mulher mora lá, no meio de tanto lixo e merda, cercada por galinhas e uma matilha de gatos, é difícil distinguir uma forma propriamente doméstica … Agir de forma a implicar a própria presença em e contra o agir da cidade e seus sistemas relacionados … Aqui é onde o carrinho entra, como um veículo que supre a investigação com seu próprio meio, sua própria curiosidade, sua própria poética, como um objeto transformativo: apropriar-se do carrinho como um veículo que literalmente corta através da cidade e trás ao primeiro plano os mesmos sistemas urbanos e sociais que parcialmente definem os corpos.

*9 planks of wood (roughly 3 cm wide x 3 meters long x 1 cm thick)*
*4 planks of wood (roughly 4 cm wide x 3 meters long x 1.5 cm thick)*
*1 sheet of plywood (roughly 1.5 meters wide x 2.5 meters long x .5 cm thick)*
*1 cylindrical wood pole*
*1 constructed axle with 2 bicycle wheels*
*screws and bolts*

They drive to a nearby shop to buy wood, various parts, supplies. He tries to imagine how this will work, what tools they might need, where this is leading them … The heat is everywhere, time slips on …

In relation to the existing garbage carts pulled by the unofficial waste collectors, we constructed an additional cart. Working with a local bicycle maker and repairman, an axle was constructed using two existing axles taken from bicycles, adopting one of the various methods used by the unofficial collectors – over time the axle might be said to unravel and appear as a metaphor for them, the core of the action, the active part of the work itself; it becomes the material form around which many hands are laid, to toil, to craft, to stage a form of local knowledge and production. The axle is already the location where they begin to interact … and importantly, where the meeting between what they begin to think as the formal and the informal takes place. (He called Octávio on the phone the other day to hear about his meetings with Acir Pereira, a builder of carts in Curitiba … and Octávio mentioned how the current candidate for Mayor is proposing to supply motored vehicles to the collectors – and they recognize this as a further point along the threading of city planning and informal usage, between formal policy and its frayed edges …) While the existing carts are built from steel parts (normally used for the construction of garbage racks found outside homes throughout the city – stationary vessels

*9 tábuas de madeira (3 cm de largura x 3 m*
*de comprimento x 1 cm de espessura)*
*4 tábuas de madeira (4 cm de largura x 3 m*
*de comprimento x 1,5 cm de espessura)*
*1 prancha de aglomerado (1,5 m de largura x 2,5 m*
*de comprimento x 5 cm de espessura)*
*1 puxador de madeira*
*1 eixo construído com duas rodas de bicicleta*
*Parafusos e roscas*

Eles vão a um mercado próximo para comprar madeira, partes variadas e outros suprimentos. Ele tenta imaginar como isto vai funcionar, que ferramentas eles podem precisar, onde isto os levará … O calor está em todos os lugares, o tempo desliza adiante …

Em analogia aos carrinhos de lixo existentes puxados pelos catadores não oficiais, nós construímos um carrinho adicional. Trabalhando com um reparador de bicicletas da cidade, um eixo foi construído adaptando dois cubos de pedal de bicicleta, adotando um dos vários métodos utilizados pelos catadores não oficiais … com o tempo o eixo poderia ser tido como exprimindo e aparecendo como uma metáfora para eles, o núcleo da ação, a parte ativa do trabalho em si mesmo; ele se torna a forma material através da qual muitas mãos são postas, para moldar, para confeccionar, para encenar uma forma de conhecimento local e produção. O eixo já é a localidade onde eles começam a interagir … e principalmente, onde ocorre o encontro entre o que de início pensaram como formal e informal. (Ele telefonou para Octávio outro dia para ouvir sobre o encontro com Acir Pereira, um construtor de carrinhos em Curitiba … e Octávio mencionou o boato de que um dos candidatos a Prefeitura estaria propondo fornecer carrinhos motorizados aos catadores – e eles reconheceram nisto um ponto adiante nos obstáculos do planejamento da cidade e do uso informal, entre políticas formais e seus contornos rugosos …) Enquanto os carrinhos existentes são construídos com partes de metal (normalmente utilizados na construção de lixeiras que se encontram do lado de fora das casas da

residents place their garbage on for collecting) we built ours from wood, expanding the cart's usual proportions, and adding various details in contrast to the existing carts. Through such material and design our cart functioned as a slippage, a shadow or alien inserted into the existing vocabulary of the carts, an invader onto the streets of a city acclimated to the normalized display of the metal carts and related labor. Such difference was furthered by the appearance of our white bodies and middle-class presence pulling, through public squares and residential streets, a cart strangely familiar and yet out of place, out of sync with the rhythms defining the city. A topographical appendage, a slippery sign, an appropriated object turned symbol.

The cart is placed in the front lawn of the gallery, upon a residential street within the city, and taken out daily for the collection of discarded wood. Discarded wood comes to serve two opportunities, to collect material for the construction of a table needed for the opening of the exhibition (and its related cooking event), and to navigate the city according to a logic by which the unofficial waste collectors exist. To trace the circuits and the routes charted by this existing culture, and in doing so, to learn their movements, to rub up against their existence, their spaces, and to cut across the meeting of body and street locked into an economical exchange. He feels unsure, out of place ... and he knows this is necessary, it has to be like this. The movements of collecting trash and feeding it into a mechanism of recycling performs according to a transformative process, in which materiality and labor generate their own symbolic systems: the collectors themselves are depicted by various Christian groups as angels, messengers from the skies whose movements through the garbage of the city turn poverty into a vague form of sainthood. Might such depictions mask the concrete intensity of what it means to live in the midst of garbage while also leading out toward a potential language of transformation? He wonders this while standing in front of a man hired by the city to clean the streets, whose blue eyes catch his own and seem to smile from a complicated and simple depth – he tugs at Octávio's arm and

cidade – bandejas estáticas sobre as quais os residentes colocam o lixo para a coleta) nós construímos o nosso de madeira, expandindo as proporções comuns dos carrinhos e adicionando vários detalhes em contraste aos carrinhos existentes. Através destes materiais e design nosso carrinho funcionou como uma alegoria, uma sombra ou alienígena inserido num vocabulário existente de carrinhos, um invasor das ruas da cidade acostumada ao display normalizado de carrinhos de metal e de seu trabalho adjunto. Essa diferença foi ampliada pela presença de nossos corpos leitosos classe média e puxando, pelas praças públicas e ruas residenciais, um carrinho estranhamente familiar e, ainda, fora de lugar, fora de sinc com os ritmos que definem a cidade. Um apêndice topográfico, um signo depauperado, um objeto apropriado tornado símbolo.

O carrinho é colocado no jardim da frente da galeria, numa rua residencial na cidade, e levado diariamente para a coleta de madeira descartada. A madeira veio servir a duas oportunidades, coletar material para a construção de uma mesa necessária para a abertura da exposição (assim como o evento de culinária a ela relacionado), e navegar a cidade de acordo com a lógica pela qual os catadores não oficiais existem. Traçar os circuitos e as rotas mapeadas por esta cultura existente, e ao fazer isso, aprender seus movimentos, recordar sua existência, seus espaços, e cortar através do significado de corpo e rua fechado em uma troca econômica. Ele se sente inseguro, deslocado, e ele sabe que isto é necessário, que tem que ser assim. Os movimentos de coletar lixo e usá-lo como insumo em um mecanismo de reciclagem se realiza de acordo a um processo transformativo no qual a materialidade e o trabalho geram seus próprios sistemas simbólicos: os catadores eles mesmos são vistos por alguns grupos religiosos como anjos, mensageiros dos céus cujos movimentos pelo lixo da cidade transformam a pobreza num vago tipo de santidade. Podem estes recortes mascarar a intensidade concreta do que significa viver no meio do lixo e ao mesmo tempo conduzir-nos em direção a uma potencial linguagem de trans-

says, "he looks like an angel ..."

He thinks of Michael Taussig's book *The Magic of the State*, a text that exposes such things as the "market" or the "city" as imbued with ghostly manners – how the State comes to function as an apparition or mythology, gaining its partial power from psychic relations. Yet, in turn, he thinks of this book as signalling that such magic is also an exchange, supplying individuals and collective circles with means for counter-magic, the production of mythologies and fantasies designed to find openings, cracks and fissures in the systems of the State, a kind of generative and provocative weave echoed in the mixture of fact and fiction, reality and imagination that seems to also mark the narrative productions of the cart (and which Guilherme tries to further contour by agitating the surface of the symbolic, to embody the tension – to conduct a collective ritual for undoing assumptions, troubling the afternoon with necessary energies that supplement their pursuit of the real with open channels).

How do bodies come to live through given infrastructures? In what way do urban systems of management perform in relation to their own appropriation or disruption? What are the dialogues taking place between formal governance and informal use, between structures of planned economy and their mutational pirate counterparts?

*Counterparts*
While social relations might be said to manifest in spatial form, the movements of those relations are fed through infrastructure, for infrastructure comes to make possible the availability of resource, lending to the choreographies of social relations and their subsequent ability to take root, plant themselves, and rise up in spatial form. Infrastructure is the reach of an urban or governmental policy laced through individual lives, lending to the formation of social groups and communities, of neighborhoods and their limits, and to what Ken spoke about the

formação? Ele pensa enquanto para na frente de um homem contratado pela cidade para limpar as ruas, cujos olhos azuis absortos parecem sorrir com uma profundidade simples e complexa – ele toca no braço de Octávio e diz, ele parece um anjo ...

Ele pensa no livro de Michael Taussig: A Mágica do Estado, um texto que expõe "o mercado" ou "a cidade" como entidades imbuídas de aspectos fantasmáticos – o Estado funciona como aparição ou mitologia, ganhando seu poder parcial de relações psíquicas. Ainda, por sua vez, ele pensa que este livro esta sinalizando que tal mágica é também uma troca, fornecendo aos indivíduos e círculos coletivos os instrumentos para a contra magia, a produção de mitologias e fantasias desenhada para encontrar aberturas, quebras e fissuras nos sistemas do estado, um tipo de trama geradora e provocativa ecoando na mistura entre fato e ficção, realidade e imaginação parecem também marcar as produções narrativas do carrinho (À qual Guilherme expande o contorno agitando a superfície do simbólico, para corporificar a tensão – para conduzir um ritual coletivo de desfazer convicções, movimentando a tarde com as energias necessárias que suplementavam suas buscas do real com canais abertos).

Como os corpos vivem através de infra-estruturas dadas? De que maneira os sistemas de gerenciamento urbano agem em relação a suas apropriações e rupturas? Quais são os diálogos que estão acontecendo entre o governo formal e a prática informal, entre as estruturas planejadas da economia e suas contrapartes mutacionais e piratas?

*Contrapartes*
Enquanto as relações sociais podem ser descritas como manifestas em forma espacial, os movimentos destas relações são alimentados através da infra-estrutura, pois ela torna possível a disponibilidade do recurso, emprestando às coreografias das relações sociais e sua subseqüente habilidade em pegarem raízes, de plantaremse, e crescerem em forma espacial. Infra-estrutura é o objetivo de uma política urbana ou governamental construí-

other day – the question of sharing. Who is given access to infrastructure and who is not? What part of the city is threaded with energy and resource and what part is left to its own devices? Where do formal and informal structures meet and gain definition through and against the other? (The carts themselves started as a proposal by the city to have the residents of the favelas, which were inaccessible to garbage trucks, to gather their own garbage and deliver it to nearby dumps and recycling plants in exchange for produce or transportation vouchers. In the end, this turned into an opportunity, resulting into an expanded and organized supplemental form of collection, and subsequent economy …)

The circulation of garbage, as the by-product of modes of consumption, and its ultimate disposal, and then taken up, in a mechanics of recycling, through a related labor of bodies and money, points to the intersection of infrastructures and their counterparts – that of an inserted black economy, an additional mechanics and labor, performing inside and outside of governance, as rituals both appropriative and abusive. The garbage spills from its container, coming into view outside the vessels of maintenance, becoming a horizon of other meanings, that of raw material for a future consumption. It is picked up, put into the cart, brought back to the favelas, processed through an array of mechanical devices, delivered for the exchange of money, to supply the larger organization of bosses and the distribution of housing to the unofficial collectors, and further, back into the urban fabric and its ongoing infrastructural proposal. (Curitiba is already a city focusing on social and environmental issues. Since the 1970s it has maintained highly active policies to promote and sustain recycling, to improve and establish green spaces, and to educate on environmental issues and provide subsequent benefits to the less-fortunate.) He thinks of Marjetica Potrc, and her work, and when he saw her speak in Copenhagen – she seemed admirably considerate while maintaining an extensive range of locationally sensitive research and production. But he also wonders, is it enough to linger over questions of spatial

da através de vidas individuais, devendo-se a formação de grupos sociais e comunidades, de vizinhanças e de seus limites, e sobre o que o Ken falou outro dia – a questão da distribuição. A quem é dado acesso à infra-estrutura e a quem não é dado acesso? Qual parte da cidade é equipada com energia e recursos e qual é abandonada a seus próprios meios? Onde as estruturas formais e informais se encontram e ganham definição uma contra a outra? (Os carrinheiros iniciaram como uma proposta da cidade de ter os residentes das favelas, que estavam inacessíveis ao caminhão da coleta de lixo, a pegar seu próprio lixo e encaminhar a um depósito próximo e trocar por vales transporte e refeição. Ao final, isto se tornou numa oportunidade, resultando numa forma suplementar organizada e expandida de coleta, e consequentemente, de economia …)

A circulação do lixo como um subproduto de modos de consumo, e sua disposição última, após ser coletado, em um mecanismo de reciclagem, através de um trabalho associado de corpos e dinheiro, apontam para uma intersecção de infra-estruturas e suas contra-partes – aquela de uma economia marginal inserida, uma mecânica adicional de trabalho, atuando dentro e fora do governo, como rituais ao mesmo tempo de apropriação e abusivos. O lixo salta para fora das latas, surgindo à vista na orla dos recipientes da manutenção, tornando-se num horizonte para outros significados, aquele da matéria prima para consumo. Ele é apanhado, colocado no carrinho, levado até as favelas, processado através de um conjunto de dispositivos mecânicos, entregue em troca de dinheiro, para alimentar a essa organização mais ampla dos chefes e da distribuição de casas para os catadores não oficiais, e mais além, retornar ao tecido urbano e suas propostas de infra-estrutura correntes. (Curitiba é uma cidade com especial foco nas questões ambientais e sociais. Desde a década de 70, ela mantém políticas ativas na promoção e sustentabilidade da reciclagem, na implementação e estabelecimento de áreas verdes, e na educação em questões ambientais e seus benefícios decorrentes aos menos afortunados).

form? Octávio mentions the issue of time, and this suddenly appears as an opening, a suggestive idea: given time, the time of the day, our time, what time is the meeting ... Might time function as the instance of activating spatial form for interaction, for crossing the line between inside and outside, of turning space into a vehicle? But time also goes too fast – they wonder if they did enough, if the small instances of interaction found on the street had consequence – but he knows such things are often unquantifiable, vague, or meaningful only as time passes.

*A series of systems and their bodies*
*Bodies and their know-how*
*Locations of embedded practices*
*Network within network*

To return then to this situation, to this work, to write about and to make a text that unravels in and against what took place, brings forward many questions, and an overarching concern that still sits within his thoughts ... What comes from such activity? A legacy of artistic practice and projects hovers around the work, where site-specificity and contextual engagement reveal a plethora of inquiry, discourse, example, which no doubt inform everything here. And yet he is here, today, 2008, in a city not his own and yet, it must be, according to the movements of a global inquisitiveness and demand – Obama said something about "global citizenship"... and she took this to heart, thought about it, mentioned it again and again, and then he thought, this is something. Where are we now? Already past this global phrase, already on the side of tomorrow, still full of wonder and concern as to where to plug in, how to find the footing to direct all this energy toward an elaboration of a social possibility. He smiles.

They cross the street, past the bakery where some students from the University shout something at them, and then there are the car horns honking as people try to pass, or when Margit

Ele pensa em Marjetica Potrc, e seu trabalho, e de quando a viu falar em Copenhagen – ela parecia admiravelmente consistente enquanto expunha um campo extenso de pesquisa e da sua sensível produção local. Mas ainda ele pensa, será suficiente especular sobre questões da forma espacial? Octávio menciona a questão do tempo, e isto subitamente aparece como uma abertura, uma idéia sugestiva, dado um tempo, a hora do dia, nossa hora, a que horas será o encontro ...? Pode o tempo funcionar como uma instância de ativação da forma espacial para interação, para atravessar a linha entre dentro e fora, para tornar o espaço em um veículo? Mas o tempo corre tão rápido – eles pensam se eles fizeram o suficiente, se as pequenas instâncias de interação encontradas na rua tiveram conseqüência – mas ele sabe que tais coisas são difíceis de quantificar, vagas ou significativas somente com o passar do tempo.

*Uma série de sistemas e seus corpos*
*Corpos e seu know-how*

*Locações de práticas embutidas*
*Network dentro de network*

Voltando então a esta situação, a este trabalho, para escrever sobre o tema e fazer um texto que discorre de dentro e contra o que aconteceu, traz muitas questões, e uma carga de preocupações que ainda permanecem em seus pensamentos ... O que decorre desta atividade? Um legado de práticas artísticas e projetos paira ao redor do trabalho, onde a especificidade local e o engajamento contextual revelam uma pletora de perguntas, discursos, exemplos, que sem dúvida informam sobre tudo. E ainda ele esta aqui hoje, em 2008, numa cidade que não é a sua, e ainda, deve ser, de acordo com uma inquisitividade global e – Obama disse alguma coisa sobre cidadania global ... e ela tomou em seu coração, pensou sobre isso, mencionou varias vezes, e então ele pensou, isso é algo! Onde estamos agora? Já passada essa frase global, já do lado de amanhã, ainda cheios de admiração e preocupações em relação a como nos conectar-

talked to them in the café over a plate of potatoes, questioning how their project actually functioned – they buy eggs in preparation for the opening event, where they will cook frittata and serve sparkling wine (how do you say "garlic" in Portuguese?). He meets a man who works for an organization on the question of urban sustainability, and who later sends him details on the history of the city, and links to various social groups working on the issue of the waste collectors, which pile up as a database for future research; he reads about the former Mayor, Jaime Lerner, and his acclaimed urban initiatives beginning in the early 70s and subsequent development of the city's master plan, which echo an original plan designed by the French planner Alfred Agache in the 1940s – Curitiba becomes an entanglement of cultural histories, languages, and architectures, expressed also in the Polish houses that line certain residential streets built by immigrants (he stops a woman on the street for directions, and she asks him if he can speak Polish).

After days of pulling the cart around, making a pile of wood in the back of the gallery, it is finally left behind. A table is built from the collected wood, turning the city's trash into a place for visitors to eat, to gather around, a point of contact: the city then reappears, disguised and camouflaged in the form of a table, functioning like the cart as a vehicle for the intersection of various bodies and words, for gathering and condensing, for stitching together an uncertain fabric. She says, "it is an unsteady choreography," and he likes this phrase because he knows there needs to be more.

mos, como encontrarmos o passo para direcionar toda esta energia em direção a elaboração de uma possibilidade social. Ele sorri.

Eles atravessam a rua, passam pela panificadora onde estudantes da universidade gritam-lhes alguma coisa, e então surgem as buzinas dos carros rosnando enquanto as pessoas passam, ou quando Margit falou com eles num café sobre um tal prato de batatas, questionando sobre como o projeto realmente funcionava – eles compram ovos para preparar a abertura da exposição, onde vão cozinhar *frittata* e servir vinho espumante (como é que se diz alho em português?). Ele encontra um homem que trabalha para uma organização relacionada à questão da sustentabilidade urbana, e quem depois lhe envia detalhes sobre a história da cidade e o conecta com diversos grupos sociais que trabalham sobre a questão dos catadores de papel, que se empilham como base de dados para futura pesquisa; ele lê sobre o ex-prefeito Jaime Lerner, e suas aclamadas iniciativas urbanas que se iniciaram no inicio dos anos 70, e o subseqüente desenvolvimento do plano-mestre da cidade, que ecoa um plano original desenhado pelo urbanista francês Alfred Agache nos anos 40 – Curitiba se torna um entroncamento de historias culturais, linguagens e arquiteturas, expressas também pelas casas polonesas que se encontram em certas ruas residenciais construídas por imigrantes (ele pára uma mulher na rua para pedir direções, e ela pergunta se ele sabe falar polonês).

Após alguns dias puxando o carrinho pela cidade, fazendo uma pilha de madeira nos fundos da galeria, ele finalmente é estacionado. Uma mesa foi construída com a madeira coletada, transformando o lixo da cidade em um lugar para as pessoas comerem, para se juntarem ao redor, um ponto de contato: a cidade então reaparece, despistada e camuflada na forma de uma mesa, funcionando como um carrinho ou veiculo para a interseção de vários corpos e palavras, para juntar e condensar, para esticar em conjunto um certo tecido. Ela diz, "é uma coreografia irregular," e ele gosta desta frase porque sabe que é necessário que haja outras mais.

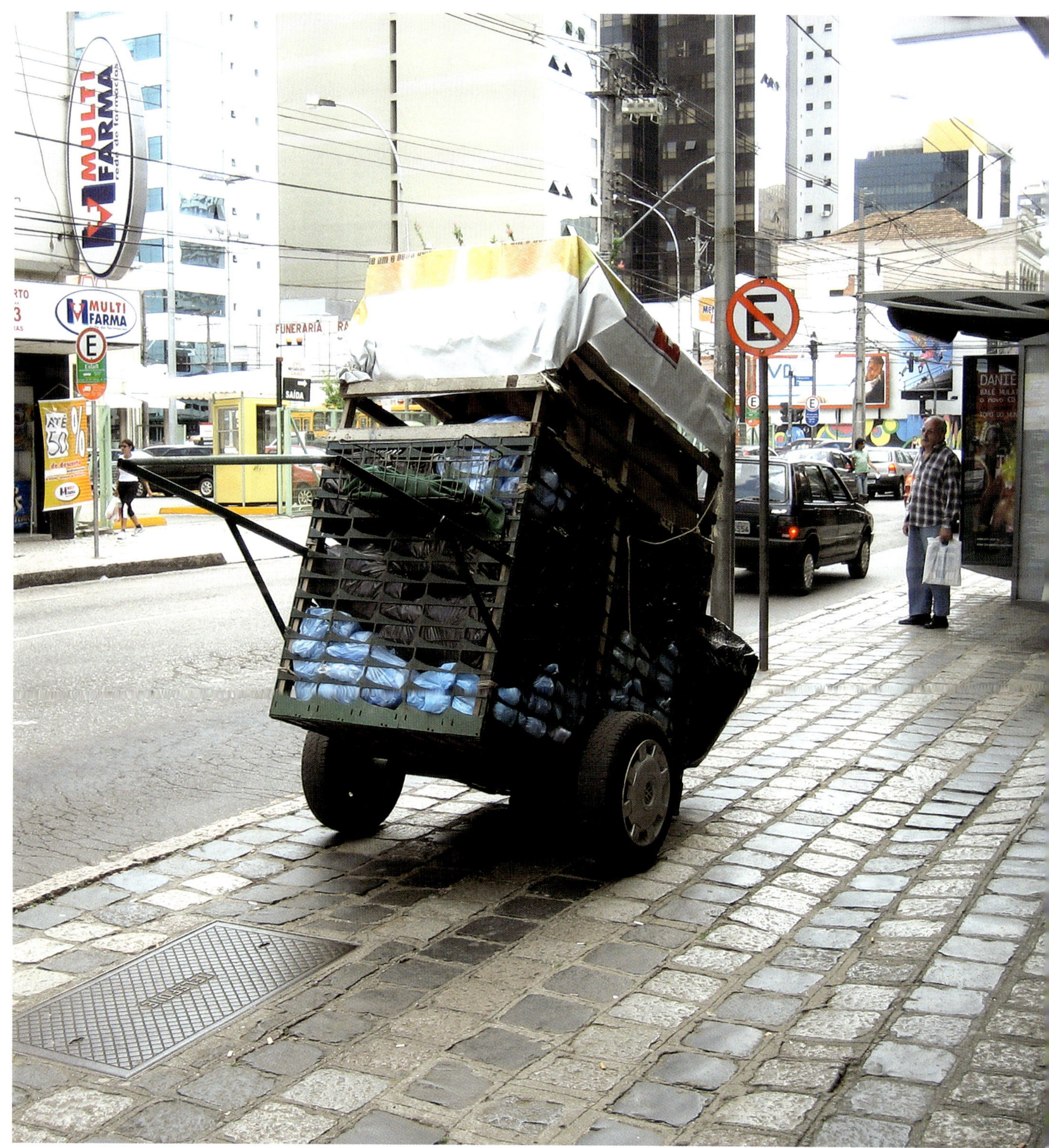

MULTI FARMA
rede de farmácias
MULTI FARMA
FUNERÁRIA
SAÍDA
E

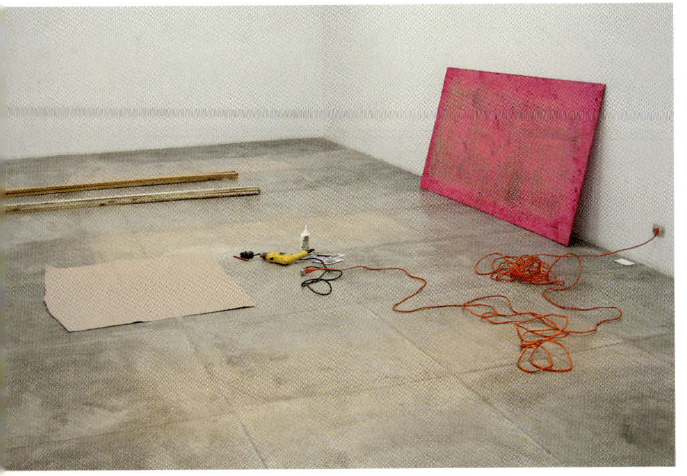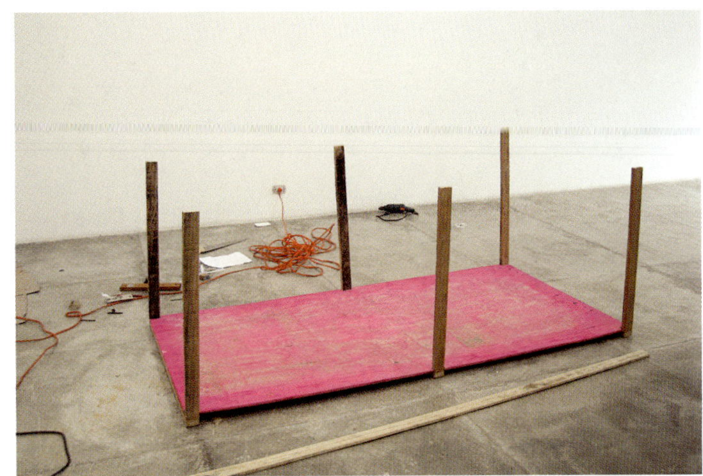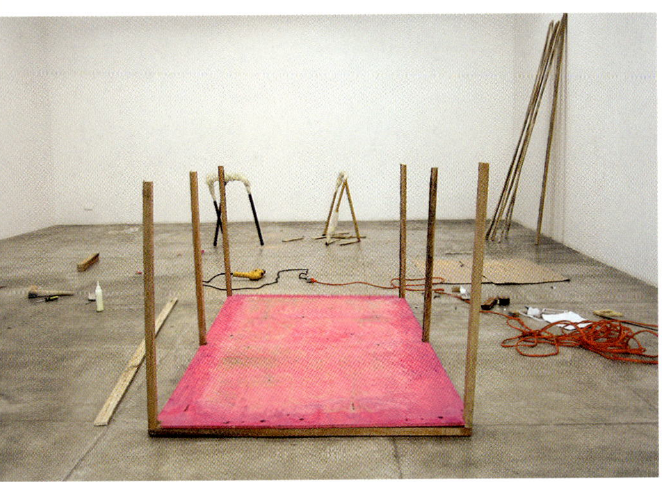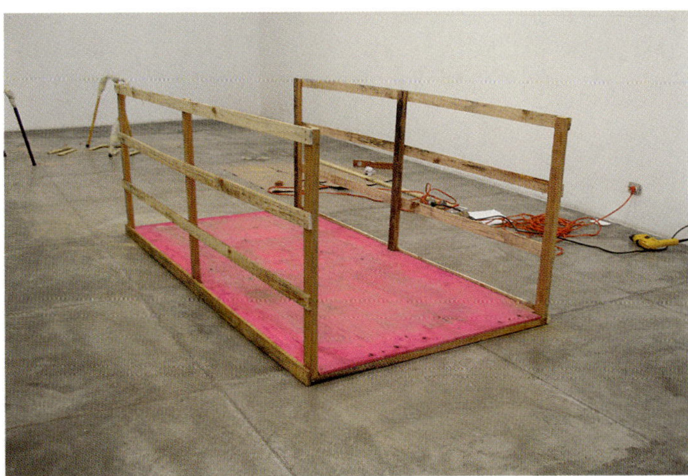

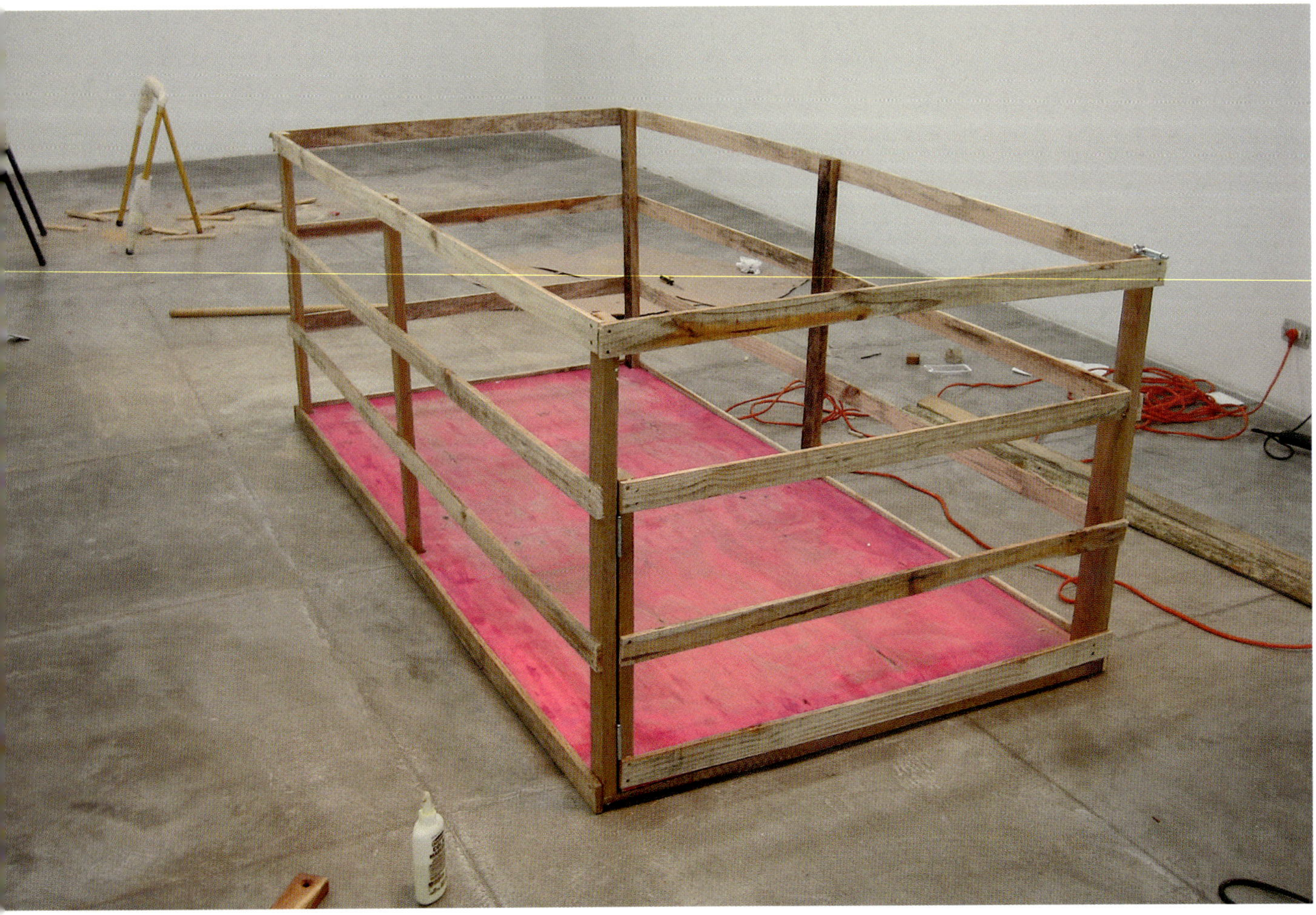

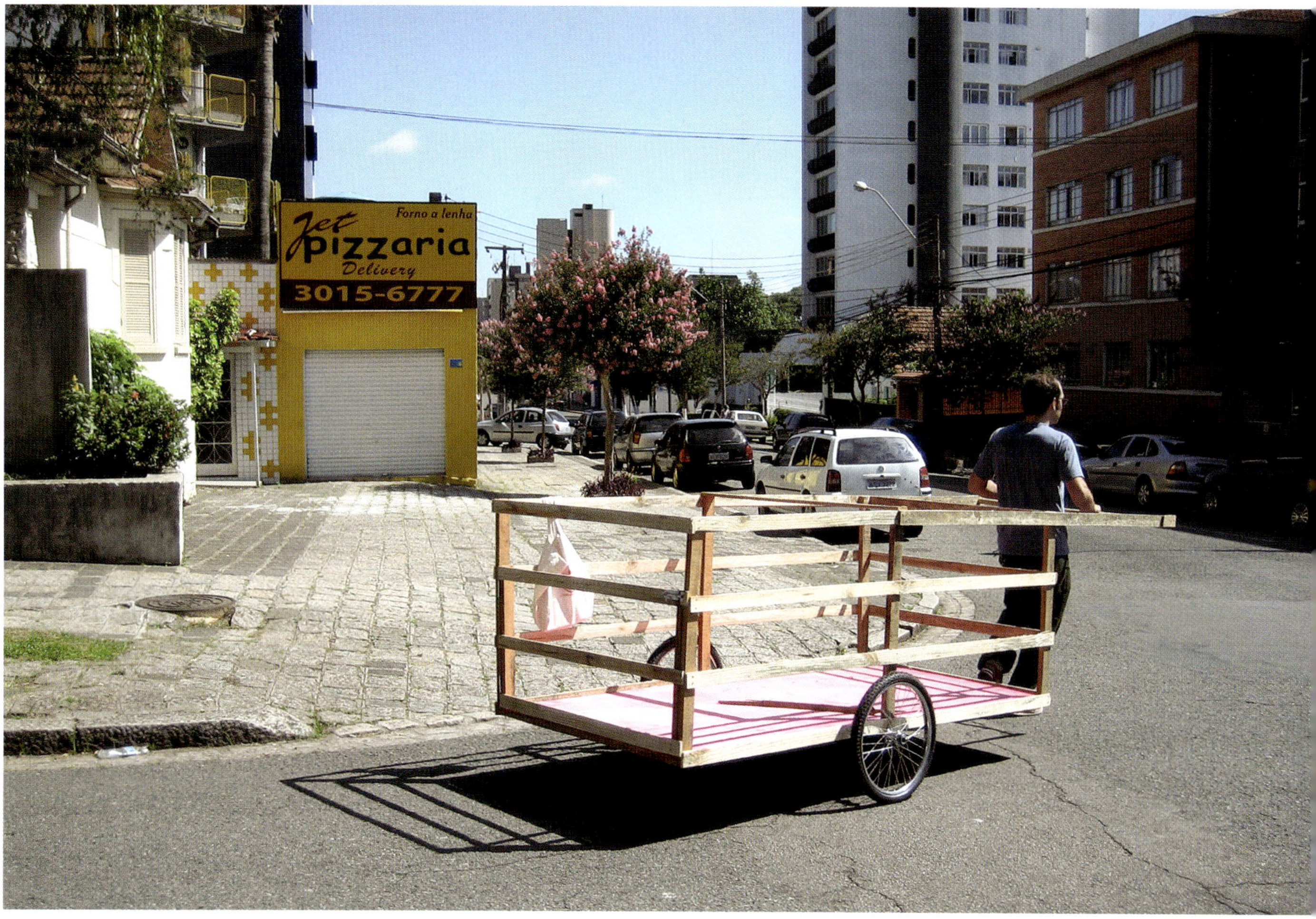

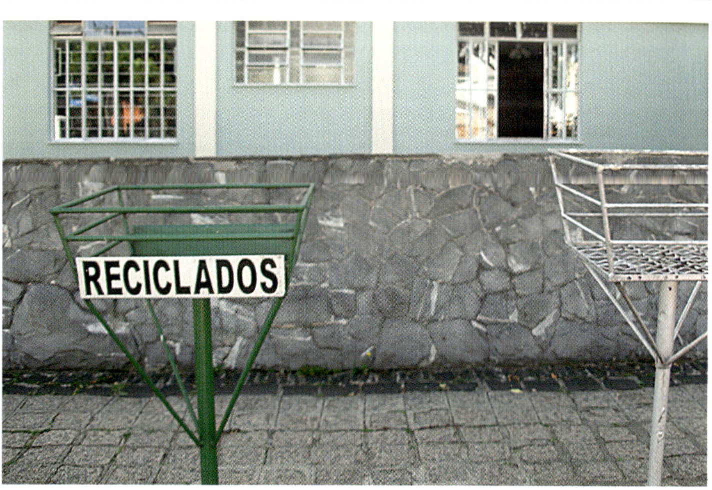

RECICLADOS


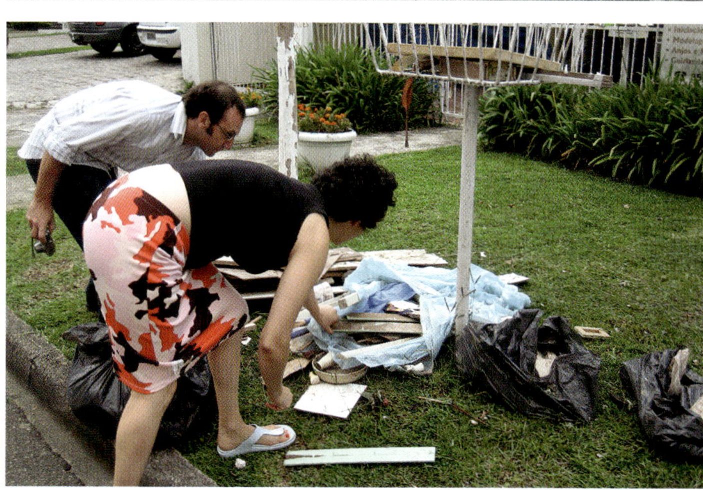

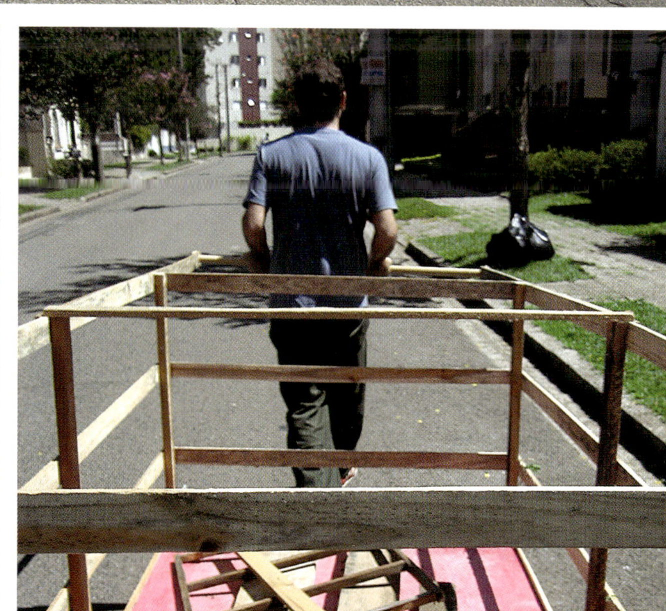

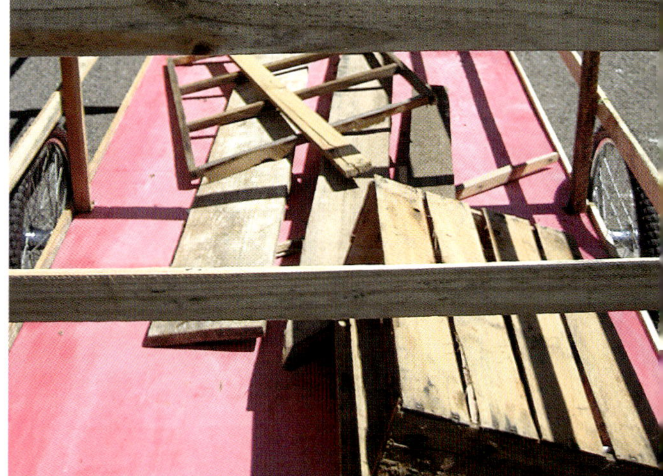

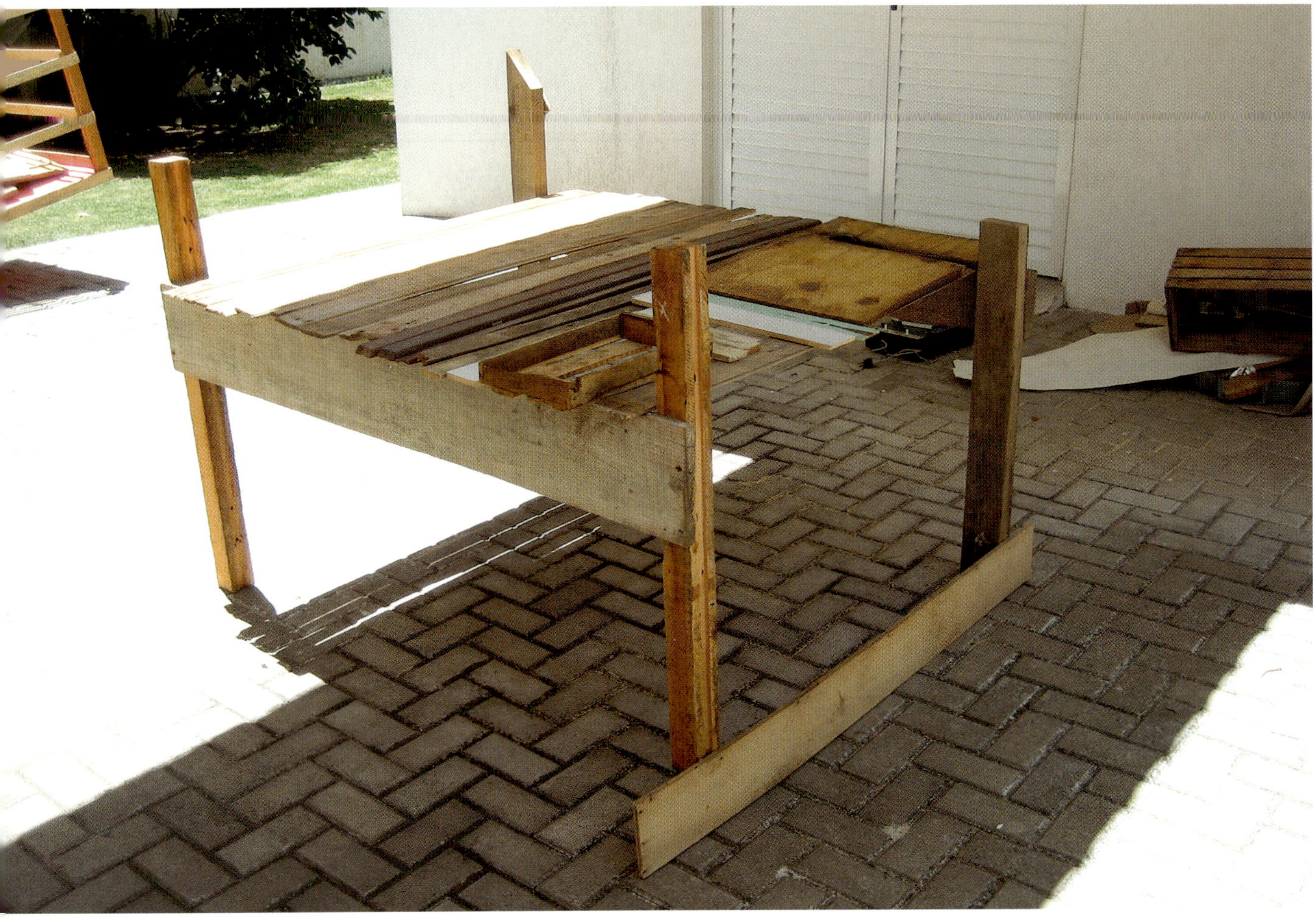

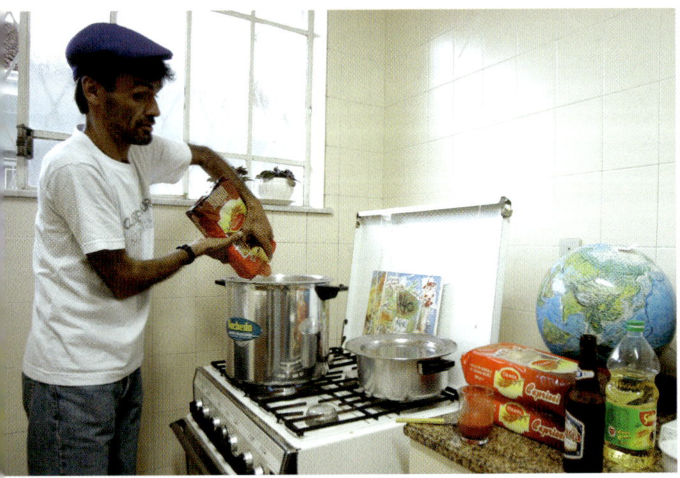

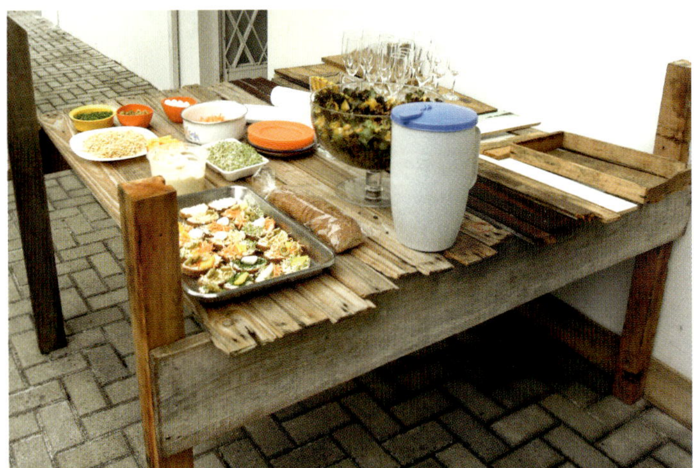

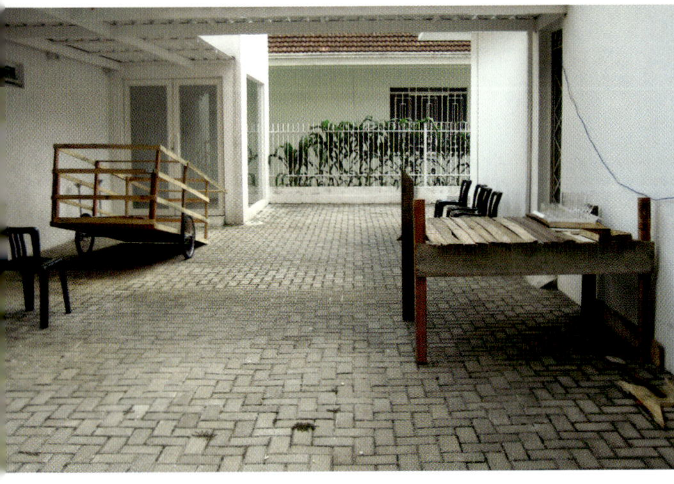

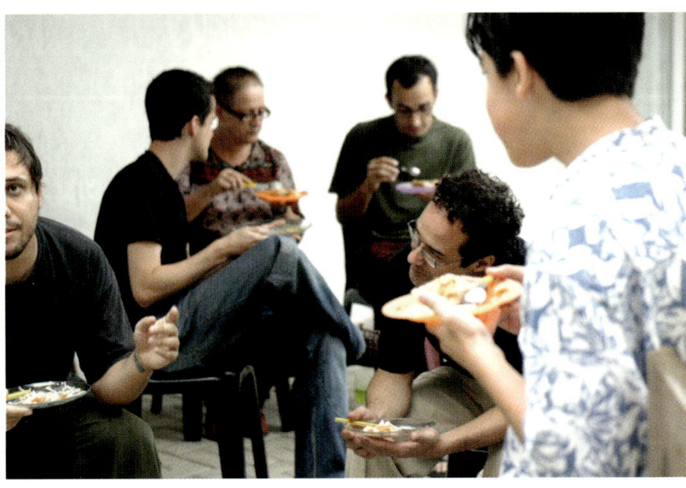

# VARIED BEAUTIFUL TYPES OF FRUITS REPLACING CHICKEN LEGS – ON RITUALS AND PRACTICES IN A COMMON SPACE
Ines Schaber

It is September 2008. I am on my way from Berlin, Germany to the north of Italy by train. Passing the Trentino area, I stop to have a look at some of the venues of Manifesta, a European art biennial, which takes place in different cities. In its announcement the biennial states that along with the various exhibitions, the whole territory of the Trentino itself can be seen "as the catalyst for a series of collateral events, encouraging research and focusing on the relationship between different cultures." In the last decade the ever-increasing amount of biennials springing up in the most diverse parts of the world, from Berlin to Dubai to Sydney, has deeply influenced the way art is shown. What is the relationship between the seemingly same artists being represented around the world and the local audiences and cultures? And how has the way of showing art influenced its production? Another Biennial, in which I will be part myself, happening a couple of weeks later in Brussels, comments on these questions in its announcement of a panel discussion with the title *The Art Biennial as Global Phenomenon: Strategies in Neo-Political Times*: "The art biennial used to be an interesting political instrument within the context of national state politics. However, these days, which are marked by globalization and a decreased status of 'nationhood', these art events are increasingly often planned as a marketing strategy to promote cities. At the same time various biennials include the 'political' in their artistic programs as a noble exhibition concept. But is this merely a form of window-dressing? Or can biennials really become the alternative political voice of these neo-political times?"

Besides these general questions towards a contemporary way of showing art, the phenomenon first of all also poses questions of artistic production. Participating in biennials or not, artists are confronted with the elaborate discursive field that is produced by them. While the slogans just a decade ago were partially defined according to notions of "site-specificity" and "context," art works today are asked to be more broadly understandable and culturally translatable. The problem to deal with "local cultures" or specific questions from biennial to biennial, from city to city, country to country and continent to continent, and to understand a specific context and work productively in and around it, is a challenge that is rarely realizable (and may as well be seldom desired). But how to connect the various challenges of local diversities, and more pronounced globalized settings of display and production? How to deal with this homogenizing form of production and publicity?

In the train, I am watching images on a CD that Brandon gave to me about e+I's (Ken Ehrlich/Brandon LaBelle) work *Active Circulation* in Curitiba, Brazil, in collaboration with Octávio Camargo. Casually picked, the 198 pictures follow their production for an exhibition and related event presented at the Ybakatu gallery. The CD is a collection of various images, some appearing on the Internet and others from the artist's collection. Some of them carry specific names, like "Luis Gomes and Barbara at Rua Senador Alencar Guimaraes" or "table_carrying"; most of them are named with the continuous numbers of the camera. The personal images are shot between January 5th and 17th in 2006, while the web images were downloaded later, in 2007 and 2008, maybe to visualize some aspects afterwards that were not represented in any of the other images. Having myself never

been in Curitiba, nor in Brazil or South America, the images are my entry not only into the work of e+I there, but as well into their reading of the city fabric along with their own production. I follow the weeks through their eyes and meet things deeply familiar but as well entirely unknown to me.

<u>Familiar things seen in a slightly different way</u>
The place where I feel at home, the place that seems familiar in every respect, from the material and finishing of the floor, to the color of the wall, to the installation of the lights, to the sparely equipped kitchen, is the gallery space. It provides a neutral shell, a coded surface. It is an anchor, a homey place, a place where one knows how-and-what-to-do, how to deal with it, how to handle its proposed setting and how to challenge it. A secure space. A space that has traveled across the world in slightly changing adaptations. Here, I can see a manifestation of a possibility of exchange and transport of objects and images from and to different places and cultures, mediated and made accessible through a spatial coding. A modern space.

The other familiarity I encounter is more specific and much more personal; it is based on the knowledge and my presence in two events of e+I that occurred in Berlin. Likewise, both Berlin spaces in which the events took place were non-institutional: one happened in the studio of the artist Erik Göngrich, the other one in the collaboratively run project space General Public. Both events used the form of a shared meal to engage questions of generosity and intimacy, the public and the private, as an exchange. One – *Active Refuse* (July 2005) – connected an exploration of the Berlin sanitation system, and the urban development and waste system of the city, to ginger. Ginger cookies were made and offered; ginger and carrot soup cooked and given away, ginger tea was served. Participants were provided with information about the exploration and asked to continue the planting and further cultivation of ginger roots in public locations across the city. The other event – *Media Plate* (July 2008) – focused on other aspects of the common meal. Visitors were asked to be participants, invited to bring and donate their own plate and to build the dining tables themselves, before sitting down to eat.

Looking at the images on the CD from Curitiba, the familiar situation of e+I setting up a cooking situation, cutting and preparing food and providing it to visitors, is present as well. I see another test of preparing a shared meal and another exploration into the urban fabric and its waste system that precedes the meal – this time it is quite unfamiliar to me.

<u>Unfamiliar things, looked at</u>
The first image on the CD shows a street scene in Curitiba. In the center of the image, quite distant from the photographer and only present at a second glance, I observe a strange vehicle. A platform on two rubber wheels leans on the ground; a metal frame structure is fixed on the plane, approximately two meters high. In it, plastic bags are stacked on the lower part and extend above the metal framing supported by cardboard sheets that double the height of the structure. At the very top, standing on the highest horizontal metal beam, a man is on his way to reorganize the boards. Two passersby crossing the street do not pay any attention to the scene. Other images on the CD confirm my impression that the photograph is not there by coincidence. An entire series of images documents the differently built carts and various materials that are collected in them. Later on the CD, the carts find a related object in a series of images: individually shaped metal structures fixed in front of houses. Supposedly, they carry the trash from the houses they stand in front of. Beautiful objects fixed firmly in the ground, collecting and displaying bags of waste. None of the images give me information about the trash collecting system beyond the street scenes. Maybe they were never seen or pictured by the photographer, or the images were not meant to be seen by me. Only the couple of web images bridge the space from the collections of waste on the street to other places: materials are sorted in front of wooden shacks and carts arrive in large halls where the materials are seemingly collected and separated. In between the two series, I see Ken.

<u>Unfamiliar things, communicated</u>
Ken acts as the leading figure in all the images in between. I see him visiting workshops, measuring wood, buying wooden beams, fixing a pink wood sheet on top of the car, arriving at the gallery, building a cart by himself, testing it in the gallery court, walking with it through the city, collecting wood in the cart and carrying the wood

back to the gallery. Later I see him building a table from the collected wood, cooking food, and serving it to people coming to the gallery garden on the newly built table.

In the photographs, Ken acts as the communicator between the familiar and the unfamiliar, subtly weaving different spaces and activities together. He crosses territories, adopts a practice, makes an experience that is recorded, connects a variety of distinct places, and shares the outcome with visitors of the gallery. But why do I look at the images through the lens of what is familiar and what is unfamiliar to me? Is there a danger of familiarizing things I do not know and I do not have any contact with into a familiar framework, make them part of what I know in a way that does not disturb me? Or, is it a warning sign, where spaces and places and the way they are framed and photographed direct me towards the question that I might have to approach them differently, rethink my own position, my reading and understanding of them?

<u>Imagined Rituals and Common Practices</u>
Much later, in summer 2008, in conversation with Brandon about the work done in Curitiba, he tells me about the waste collecting system, the self-organized re-use of waste and the making of a minimum income for the unofficial collectors, and how their project tried to navigate this meeting point between the formal and the informal. We are wondering about the territories, connections, and organizations of people, and what it means to enter them as a stranger. Brandon convinces me that they had never seen the unofficial collectors collecting wood, and therefore they were sure they wouldn't step on anybody's toes in searching for discarded wood. But another story comes up, a story that disturbs me as much as it interests me. Brandon tells me that he remembers a story Octávio told him, something about finding chicken legs in front of one of the gallery person's house in the morning of the opening. A story that never really became clear, but somehow stayed in Brandon's mind, maybe as a subtle reminder that there are different understandings and ways to enact symbolic practices.

Chicken legs are known to be used in many occult rituals around the world, also in voodoo practices in Latin America. Supposedly they can be part of an offering to the Loa, the ghost spirits, in exchange for help. It is said that it can as well be part of a spell designed to keep somebody from revealing information … Was the gallery person understood as having passed information that should not be revealed? Were e+I making something visible through their re-enactment of the collection of waste in the city? Something that would normally stay absent although so obviously present? Were they accused of being the first ones to actually look and see the scenes on the streets that everybody would so easily ignore? Had they changed the status of the things happening and brought them to light?

I am told that the story came up in discussing "offerings" in related religious practices that are quite active in Brazil; different, but partially joining interests of e+I: How do we communicate outside the obvious, scientific, readable or expectable? How can we trace, read, and test something through our acting so as to expand our knowledge beyond what we can understand through analyses? How can we engage questions of generosity and intimacy? Can recipes, cookbooks, pots and pans, dining tables, plates and glasses all become intimate props for staging a narrative? What is our ability as individuals to gain access to larger systems of the city and society while marking the informal cultures and collective behaviors that bring forward counter-perspectives?

For a moment the reading of the chicken leg put in front of the house stayed open. It was unclear who was the sender, who the receiver and what kind of message was sent. I could only speculate about the symbolic practices and rituals – the ones we meet as well as the ones we try to produce ourselves. Amidst the thoughts I see e+I serving food and handing it over to friends and unknown visitors. It is a moment where the food becomes a gift, a gesture of generosity and intimacy, embedded in practices to read the fabric of the city intuitively, and personally; a gesture that interrupts my expectations on the way to see a show. Things and food are given or placed, sometimes with a specific address, sometimes to an unknown receiver. But as a real and a symbolic practice, writes Derrida, the gesture of the gift can never be truly fulfilled. The condition of its possibility is inextricably associated with its impossibility: "If there is gift, the given of the gift (that which one gives, that which is given, the gift as given thing or as act of donation) must not come back to the giving. It must not circulate, it must not be exchanged, it must not in any case be exhausted, as a gift, by the process of exchange, by the movement of circulation of the circle in the form of return to the point of departure. If the figure of the circle is

essential to economics, the gift must remain aneconomic. Not that it remains foreign to the circle, but it must keep a relation of foreignness to the circle, a relation without a familiar foreignness. It is perhaps in this sense that the gift is the impossible – Not impossible but the impossible."[1]

A bit later the chicken leg communicates to me again through an email. Brandon forwards me what Octávio had written him briefly before, as an answer to my questions: "What I clearly remember is that on the day of the opening of our exhibition at Ybakatu, I woke up in my house at Atilio Borio, early in the morning, and found a ceramic vase full of beautiful fruits, of varied types and well selected, just in the spot we usually put garbage for the waste collecting system, right in front of the house under a small tree." The chicken leg, I am told, was a kind of example mentioned, and in recalling the incident Brandon had somehow replaced the fruit with the chicken leg. But the story has not yet ended – our questions on rituals and practices in a common space, our negotiations and participation in the translation, production and reading of symbolic practices, and our search for a position within the circle of economic exchange, can maybe for now only be symbolic. Nevertheless, it will have to be continued.

[1] Jacques Derrida, Given Time: I. Counterfeit Money (University of Chicago Press, 1992), p. 7.


## VÁRIAS FRUTAS BELAS NO LUGAR DE PERNAS DE GALINHA – SOBRE PRÁTICAS E RITUAIS EM LUGARES PÚBLICOS
Ines Schaber


É setembro de 2008. Eu estou no meu trajeto vindo de Berlim, Alemanha, rumo ao norte da Itália, de trem. Ao passar pela área de Trentino, eu paro para dar uma olhada nos eventos da Manifesta, uma Bienal de arte européia que acontece em diversas cidades. O anúncio da Bienal afirma que ao lado das diversas exposições, o território inteiro do Trentino pode ser visto como "catalisador de uma série de eventos paralelos que incentivam a pesquisa e focam no relacionamento entre diferentes culturas." Na última década, o sempre crescente número de bienais surgindo nas mais diversas partes do mundo, de Berlim a Dubai e Sidney, tem mudado as formas de exibir arte. Qual a relação entre os artistas, que aparentemente são os mesmos, sendo apresentados ao redor do mundo e as audiências locais e culturas? Como as formas de exibição da arte influenciaram a sua produção? Outra bienal, da qual eu mesma participarei, e que acontecerá daqui a duas semanas em Bruxelas, faz um comentário sobre estas questões em seu anúncio num painel de discussões com o título *A Bienal Como um Fenômeno Global: Estratégias em Tempos Neo-Políticos*: "A Bienal de arte tem um passado de ser interessante instrumento político na defesa de ideologias não estatais. Em tempos de globalização e declínio das políticas nacionais, os eventos de arte se tornam cada vez mais uma das oportunidades favoritas para o marketing das cidades. Ao mesmo tempo um crescente grupo de bienais coloca a política em suas agendas artísticas. Seria isto apenas um tipo de véu? Ou, podem as bienais realmente desenvolver uma voz política alternativa nestes tempos Neo-Políticos?"

Além destas questões gerais em torno de uma forma contemporânea de mostrar arte, o fenômeno antes de tudo coloca questões sobre a produção artística. Participando ou não de bienais, os artistas se confrontam com o campo discursivo elaborado que é produzido por elas. Enquanto *slogans* de uma década atrás eram parcialmente definidos por *site-specificity* e *context,* aos trabalhos artísticos de hoje se demanda que sejam mais amplamente compreensíveis e passíveis de tradução cultural. O problema de lidar com "culturas locais" ou questões específicas de bienal para bienal, cidade para cidade, país para país e continente para continente, e compreender um contexto específico e trabalhar produtivamente sobre e em torno dele, é um desafio raramente alcançável (e pode, da mesma forma, ser também freqüentemente desejado). Porém como conectar os vários desafios da diversidade local e os suportes de montagem e exibição mais pronunciadamente globalizados? Como se relacionar com estas formas homogeneizadoras de produção e publicidade?

No trem, eu estou vendo as imagens que o Brandon me passou num CD sobre o trabalho e+1 (Ken Ehrlich / Brandon LaBelle) *active circulation* realizado em Curitiba, Brasil, em colaboração com Octávio Camargo. Tomadas ao acaso, as 198 fotografias se referem à produção de uma mostra e de um evento a ela relacionado que foi apresentada na galeria Ybakatu.

O CD contém uma coleção de imagens, algumas delas disponibilizadas na internet e outras do acervo do artista. Algumas possuem títulos específicos, como "Luis Gomes e Bárbara na Rua Senador Alencar Guimarães" ou "carregando a mesa", a maioria é nominada apenas pelos números de série dados pela câmera. As imagens pessoais foram feitas entre 5 e 17 de Janeiro em 2006, enquanto as imagens na web foram baixadas depois, em 2007 e 2008, talvez para visualizar aspectos que surgiram mais tarde e que não estavam representados em nenhuma das outras imagens. Como eu nunca estive em Curitiba, nem no Brasil ou na América do Sul, as fotografias foram minha porta de entrada não somente para o trabalho e+1, mas também para a leitura que eles realizaram do tecido da cidade. Eu sigo estas semanas através de seus olhos e encontro as coisas profundamente familiares a mim, mas ao mesmo tempo, completamente desconhecidas.

## Coisas familiares vistas sob uma perspectiva levemente diferente

O lugar no qual eu me sinto em casa e que me parece familiar em todos os sentidos, desde o acabamento do assoalho até a cor das paredes, a instalação das luzes e a cozinha bem equipada, é o espaço da galeria. Parece-me uma concha neutra, uma superfície codificada. É uma âncora, um lugar caseiro, um lugar onde se sabe como e o que fazer, como lidar com ele, como manejar seus suportes propostos e como desafiá-los. Um espaço seguro. Um espaço que tem viajado ao redor do mundo com pouquíssimas adaptações ou mudanças significativas. Aqui eu posso vislumbrar a manifestação de uma gama de possibilidades de troca, de transporte de objetos e imagens de e para diferentes lugares e culturas, mediadas e tornadas acessíveis através de uma codificação espacial. Um espaço moderno.

A outra familiaridade que encontro é mais específica e muito mais pessoal. Ela se fundamenta no meu conhecimento presencial de dois outros eventos do e+1 que aconteceram em Berlim. Da mesma forma, as duas situações eram em espaços não institucionais. Um deles ocorreu no estúdio do artista Erik Göngrich, o outro numa refeição oferecida para discutir questões como generosidade e intimidade, o público e o privado como uma troca. Um – *active refuse* (julho de 2005) – versava sobre uma pesquisa do sistema sanitário de Berlim, e o desenvolvimento urbano do sistema de lixo da cidade para o gengibre. Bolachinhas de gengibre foram feitas e oferecidas no jantar; os convidados tomaram chá de gengibre. Sopa de gengibre e cenoura foi cozinhada e dispensada. Foram dadas informações sobre a pesquisa aos participantes e eles foram solicitados a continuar a plantação e cultivo das raízes em lugares públicos da cidade. O segundo evento – *media plate* (julho de 2008) – enfocava outros aspectos de uma refeição em comum. Pedia-se aos visitantes convidados que trouxessem seus próprios pratos e os doassem e que construíssem as mesas de jantar, antes de sentarem-se para comer.

Olhando para as imagens no CD de Curitiba, a situação já conhecida de e+1, de instalar um encontro culinário, cortar e preparar comida e oferecer aos visitantes, também está presente. Eu vejo ali mais uma

tentativa de preparar uma refeição em comum relacionada a uma pesquisa e exploração da malha urbana. Porém, a abordagem do sistema de reciclagem da cidade precedendo as refeições me é pouco familiar.

### Coisas não familiares, olhadas, percebidas

A primeira imagem no CD mostra uma cena de rua em Curitiba. No centro da imagem, um tanto distante do fotógrafo e somente presente em um segundo olhar, eu vejo um veículo estranho. Uma plataforma sobre duas rodas de borracha se estende sobre o chão; uma estrutura de metal é fixada sobre o plano, com aproximadamente dois metros de altura. Dentro, sacolas plásticas são estocadas na parte inferior e se estendem por sobre a armação de metal sustentada por folhas de papelão que dobram a altura do veiculo. Na parte de cima, em pé sobre a parte mais alta da estrutura de metal, um homem se ocupa em reorganizar os papelões. Dois transeuntes que atravessam a rua não prestam atenção na cena. Outras imagens no CD confirmam minha impressão de que o fotógrafo não está ali por acaso.

Uma série completa de imagens documentam os carrinhos diversamente construídos e os vários materiais neles coletados. Mais adiante no CD, os carrinhos encontram um objeto que aparece numa série de imagens: estruturas de metal de formatos distintos, fixadas em frente às casas. Supostamente, neles deposita-se o lixo provindo destas residências. Belos objetos solidamente fixados no chão, coletando e exigindo sacos de lixo. Nenhuma das imagens me informa sobre o sistema de coleta de lixo para além das cenas de rua. Talvez eles jamais foram vistos ou retratados pelo fotógrafo, ou estas imagens não deveriam ser vistas por mim. Somente as duas imagens que encontrei na web conectam o espaço da coleta de lixo das ruas para outros locais: os materiais são selecionados diante de casebres de madeira e os carrinhos chegam até amplos galpões onde os materiais são ao mesmo tempo coletados e separados. Entre as duas séries, eu vi Ken.

### Coisas não familiares, comunicadas

Ken age como figura condutora nas imagens entre os lugares. Eu o vejo visitar oficinas, medir e comprar tábuas de madeira, fixar uma lamina cor-de-rosa de compensado no capô de um carro, chegar na galeria, construir ele mesmo o carrinho, testá-lo no jardim da galeria, andar com ele pela cidade, catar madeira com o carrinho e carregá-la de volta para a galeria. Mais tarde eu o vejo construindo uma mesa com a madeira coletada, cozinhando e servindo a refeição para os visitantes nos fundos da galeria, sobre a mesa recém-construída.

Nas fotografias Ken age como o comunicador entre o familiar e o não familiar, sutilmente permeando diferentes espaços e atividades ao mesmo tempo. Ele atravessa territórios, adota uma prática, faz uma experiência que é registrada, conecta uma variedade de lugares e partilha o resultado com os visitantes da galeria. Mas por que eu olho para as imagens através das lentes do que me é familiar e do que não me é familiar? Há um perigo de familiarizar-me a coisas que desconheço e com as quais não tenho nenhum contato. Elas fariam parte daquilo que eu de certa forma sei que não me perturba? Ou seria um sinal, um aviso, onde espaços e lugares e a forma como eles são construídos e fotografados me indicam que eu deveria me aproximar deles de outra maneira, repensar minha própria posição, leitura e entendimento?

### Rituais imaginados e práticas comuns

Bem mais tarde, no verão de 2008, em conversas com o Brandon sobre o trabalho realizado em Curitiba, ele me fala sobre o sistema de coleta de lixo, a auto-organizada reutilização do lixo e a perspectiva de uma renda mínima para os catadores não oficiais, e como o projeto deles tentava navegar neste ponto de contato entre o formal e o informal. Nós estamos refletindo sobre territórios, conexões e organizações de pessoas e o que significa adentrá-las como um estranho. Brandon me garante que jamais viu os catadores não oficiais recolherem madeira, certificando-se, deste modo, que não estariam competindo com os outros catadores ao coletarem este material. Mais uma outra história surge, uma história que me perturba ao mesmo tempo que me interessa. Brandon conta que lembra de uma história relatada pelo Octávio, algo sobre encontrar pernas de galinha na frente da casa de alguém na manhã da abertura da exposição. Uma

história que nunca de fato ficou clara, mas permaneceu na lembrança do Brandon, talvez como um lembrete das diferentes concepções e formas de interagir com as práticas simbólicas.

Pernas de galinha são conhecidas por serem utilizadas em muitos rituais ocultistas ao redor do mundo, e também nas práticas vodu na América Latina. Supostamente podem ser uma oferenda a um Orixá, ou a espíritos locais, em troca de ajuda. Podem ser entendidas também como parte de um aviso destinado a impedir que alguém revele certas informações ... Será que alguém da galeria foi interpretado como tendo fornecido uma informação que não deveria ser revelada? Estava e+1 tornando algo visível através da encenação da coleta de lixo na cidade? Algo que normalmente deveria estar ausente apesar de tão obviamente presente? Eles foram acusados de serem os primeiros a de fato olhar e enxergar as cenas nas ruas que todos ignorariam com tanta facilidade? Eles mudaram o estado das coisas que estavam acontecendo e as trouxeram para a luz? Foi-me dito que a história surgiu ao falarem sobre oferendas e outras práticas religiosas que são bastante comuns no Brasil; de forma diferente, mas que parcialmente vão de encontro com os interesses de e+1: como nós nos comunicamos para além do óbvio, científico, legível ou esperado? Como traçamos, lemos e testamos algo através da nossa ação de forma a expandir o conhecimento para além daquilo que podemos entender através da análise? Como abordar questões de generosidade e intimidade? Podem receitas, livros de culinária, potes e panelas, mesas de jantar, pratos e copos, se tornarem protagonistas efetivos para a encenação de uma narrativa? Qual é a nossa habilidade, como indivíduos, de ganhar acesso aos sistemas mais amplos da cidade e da sociedade, ao marcar as culturas informais e os comportamentos coletivos que trazem para o primeiro plano as contra-perspectivas?

Por um momento a leitura da perna de galinha posta em frente da casa ficou em aberto. Não estava claro quem foi o remetente, quem o receptou e que tipo de mensagem foi enviada. Eu poderia somente especular sobre as práticas simbólicas e rituais – seja os que encontramos, seja aqueles que tentamos produzir nós mesmos. Em meus pensamentos eu vejo e+1 servindo comida e a oferecendo para amigos e visitantes desconhecidos. É o momento no qual a comida se torna um presente, um gesto de generosidade e intimidade, embutida em práticas de leitura do tecido da cidade intuitivamente e pessoalmente; um gesto que interrompe minhas expectativas no sentido de ver um espetáculo. As coisas e a comida são dadas ou colocadas, por vezes com um endereço específico, por vezes a um receptor desconhecido. Mas como uma prática real e simbólica, escreve Derrida, o gesto contido no presente não poderá jamais ser verdadeiramente cumprido. A condição de sua possibilidade é intrinsecamente associada à sua impossibilidade: "Se há um presente, o dado do presente (aquilo que alguém dá, aquilo que é dado, o presente como coisa dada ou como ato de doação) não deve retornar ao doador. Ele não deve circular. Não deve ser trocado, ele não pode ser em caso algum exaurido, como um presente, pelo processo de troca, pelo movimento de circulação na forma de retorno ao ponto de partida. Se a figura do círculo é essencial para a economia, o presente deve permanecer anti-econômico. Não que ele permaneça estranho ao círculo, mas ele deve manter uma relação de estranheza para com ele. É talvez neste sentido que o presente é o impossível – não impossível mas o impossível."[1]

Um pouco mais tarde a perna de galinha comunica-se novamente comigo através de um e-mail. Brandon encaminha o que Octávio descreveu rapidamente antes como uma resposta às minhas questões. "O que eu lembro claramente é que no dia da abertura da nossa exposição na Ybakatu, eu acordei na minha casa, na Atílio Bório, cedo, pela manhã, e vi um vaso cheio de belas frutas, de vários tipos e bem selecionadas, no mesmo lugar onde normalmente deixávamos o lixo para o sistema de coleta, em frente à casa, embaixo de uma pequena árvore." As pernas de galinhas, me é dito, são um exemplo de oferenda e, ao lembrar-se do incidente, Brandon, de alguma forma, substituiu as frutas pela perna de galinha. Mas a história ainda não terminou - nossas perguntas sobre rituais e práticas em espaços comuns, nossas negociações de participação na tradução, produção e leitura de práticas simbólicas, e nossa pesquisa por uma posição dentro do círculo da troca econômica, pode talvez, por ora, somente ser simbólica. Contudo, ela terá que ser continuada.

---

[1] Jacques Derrida, Given Time: I Counterfeit Money (University of Chicago Press, 1992), p. 7.

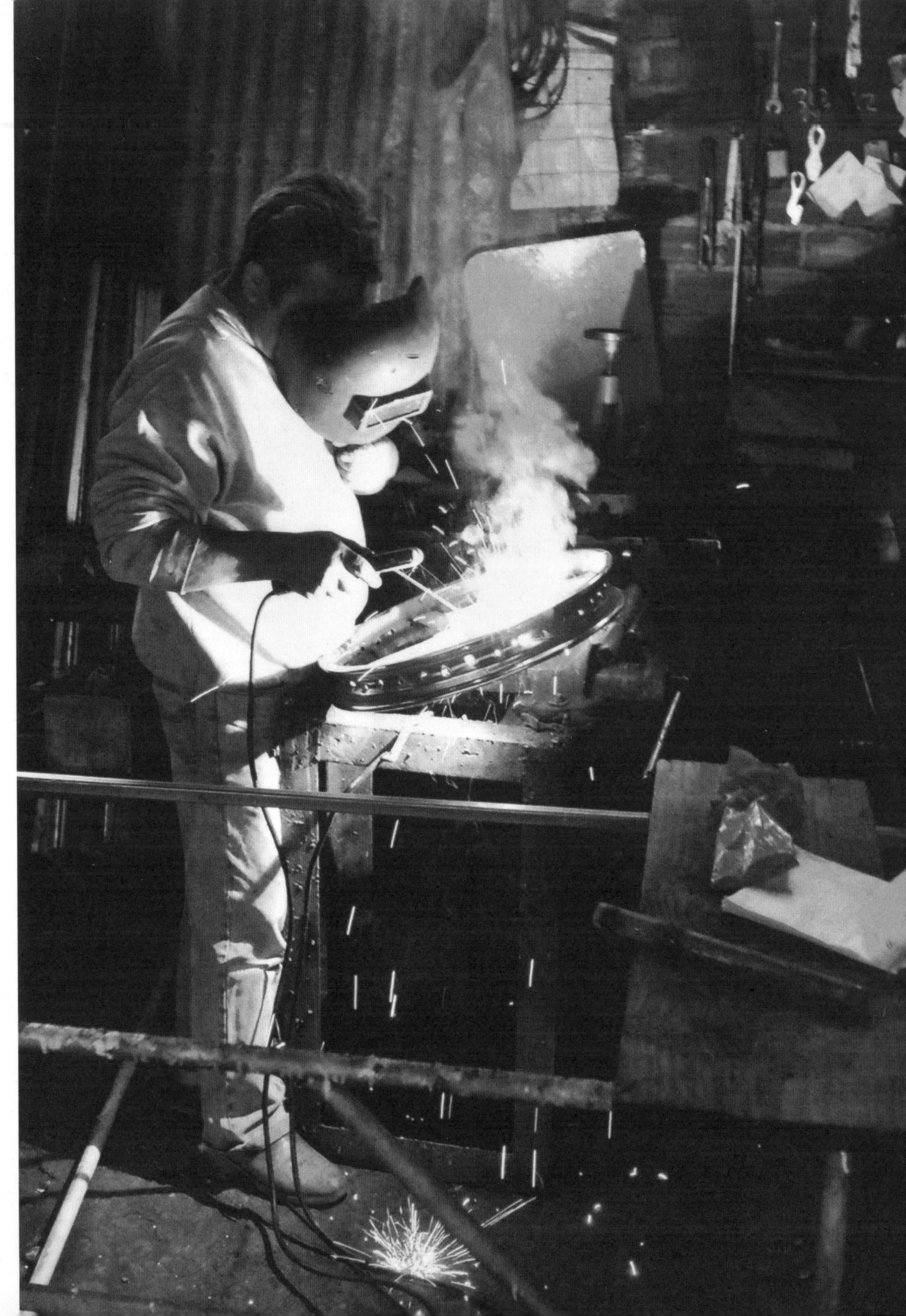

# O EIXO – RODADO
## Octávio Camargo

Rodado é a denominação local da estrutura de base, eixo e rodas, dos veículos utilizados pelos catadores de papel na cidade de Curitiba. Eles são trabalhadores informais que por décadas vem contribuindo expressivamente para o sistema de coleta de lixo nas áreas urbanas, com especial foco na reciclagem de materiais como papel, vidro, plástico e metal. Estes trabalhares desenvolvem suas atividades em paralelo à infra-estrutura oficial oferecida pela administração pública da cidade. Há aproximadamente 10.000 catadores de papel em Curitiba, ou mais, trabalhando com estes veículos. Eles saem para as suas jornadas diárias, selecionando materiais no lixo deixado em frente às residências, construções e lojas comerciais, geralmente antecipando-se à chegada dos caminhões da coleta oficial e desempenhando um papel importante na reciclagem local e em sua economia.

Os veículos utilizados para esta coleta de materiais são variados em forma, especialmente na estrutura de suas carrocerias, e muitas vezes são adaptados ou até mesmo construídos pelos próprios usuários. Os materiais utilizados na sua feitura são geralmente restos de metal encontrado em demolições e outros equipamentos automotivos que foram jogados fora por estarem danificados ou por serem obsoletos, tais como rodas de carro e de motocicleta, pneus e rolamentos. O eixo destes carrinhos, no entanto, mantém algumas características fixas apesar da variedade de suas carrocerias, pois dependem de equipamento de soldagem e de trabalho metalúrgico especializado para sua construção. Ele é também a parte responsável pela estrutura funcional do carrinho, peso e dirigibilidade. Os modelos que aparecem com maior freqüência são construídos com rodas recicladas de carros e motocicletas.

As rodas de carro possuem a vantagem de serem objetos prontos e requerem menos artesania na sua adaptação, assim como não carecem de reforço na estrutura para suportarem carga. Eles são, contudo, mais pesados, por não possuirem raios, e os pneus ocupam uma superfície mais larga no solo, tornando a jornada dos catadores mais árdua. O eixo construído com rodas de motocicleta e raios de cano de metal é aquele que apresenta a solução mais audaciosa de design. Eles foram desenvolvidos a partir da experiência dos próprios catadores nas suas longas jornadas de trabalho e na necessidade de produzir um carrinho mais leve.

Os pequenos raios afixados ao aro da roda de motocicleta são substituídos por um material mais resistente: canos de metal e barras de ferro. Um novo cubo é confeccionado para abrigar os rolamentos e sustentar os raios soldados à sua cápsula.

Há diferentes arranjos quanto ao número de raios utilizados e sua disposição dentro da roda. Eles também apresentam variedade quanto aos materiais empregados na sua construção. Este método de reforço das rodas permite a construção de um eixo mais leve e diminui consideravelmente o peso total do veículo. Os modelos construídos pelo Sr. Acir Pereira, que reside no bairro do Parolin, em Curitiba, pesam 45 kg (incluindo eixo e carroceria) e podem carregar até 450 kg.

Os materiais utilizados na construção do eixo são:
1.) 2 aros de motocicleta pneus, com raios reforçados
2.) 2 cubos de metal para abrigar os rolamentos e a barra do eixo – 9,5 cm de comprimento
3.) 1 cano de metal de 85 cm de comprimento para a barra transversal, com um diâmetro de 1,5 polegadas
4.) 2 barras de ferro de aproximadamente 30 cm de comprimento e um diâmetro de 3/4 de polegada – estas são sol dadas dentro da bar ra transversal para fazer dois pinos de 15 cm em cada lado do eixo
5.) 4 rolamentos

O modelo aqui descrito tem um comprimento total de 1,16 m. Segundo o Sr Acir, ele está em conformidade com as regras determinadas pelas Leis Nacionais de Trânsito, que limitam a largura total dos veículos não motorizados nas vias de circulação em 1,20 m.

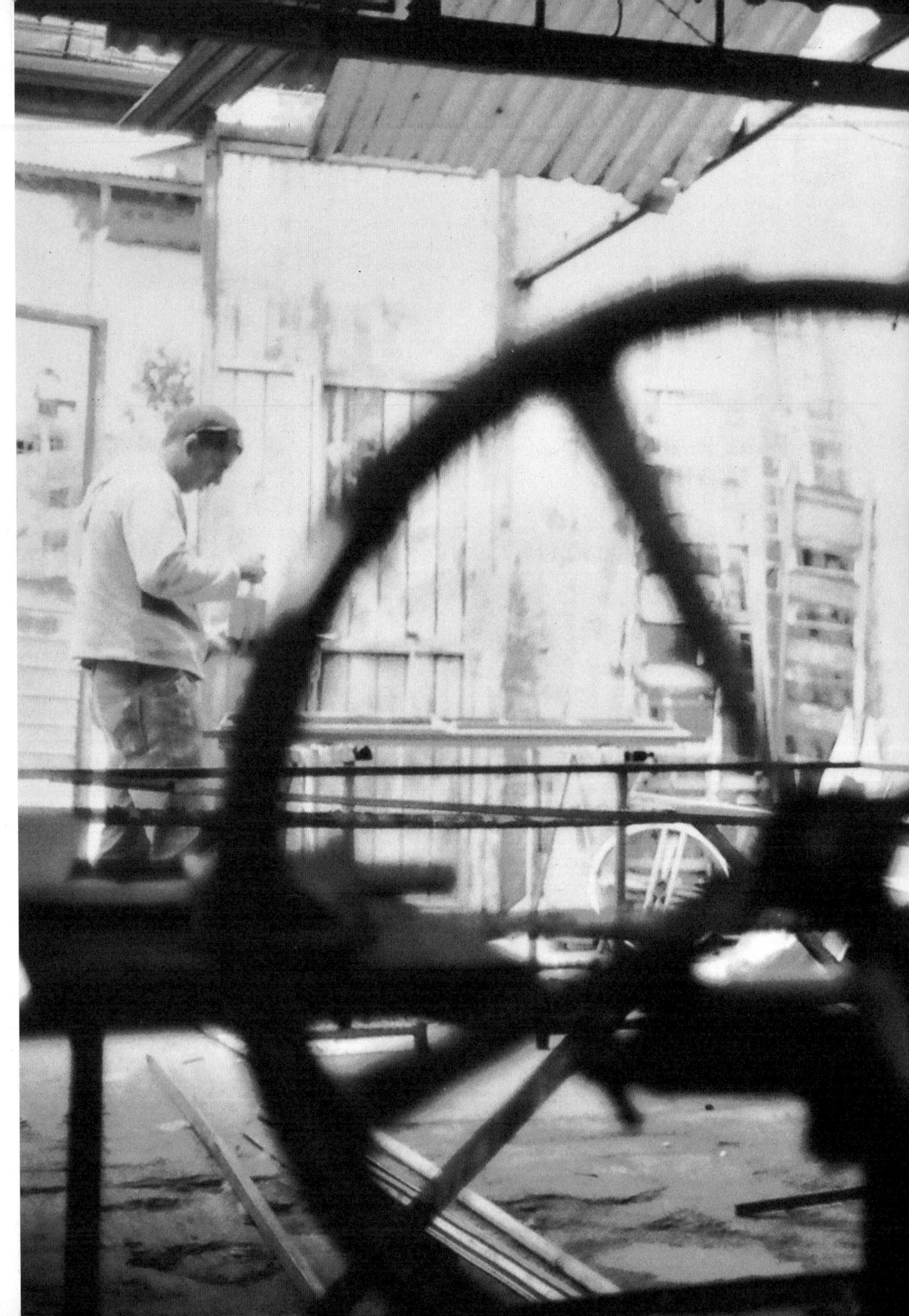

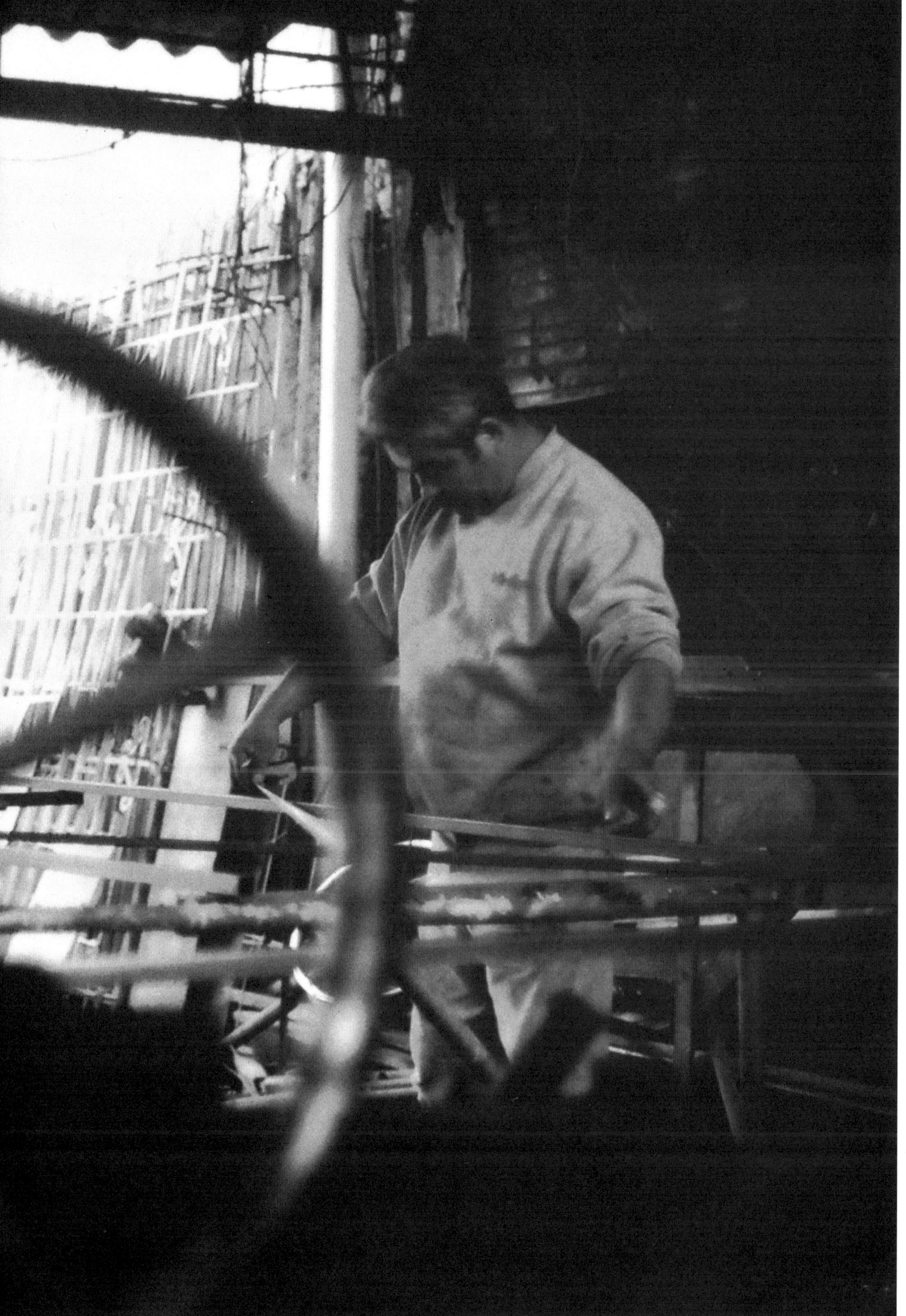

# THE AXLE – RODADO
## Octávio Camargo

Rodado (wheeled) is the usual local naming of the base structure, axle and wheels, of the vehicles used by the paper collectors in the city of Curitiba. They are informal workers that for decades have an expressive contribution in the waste collecting system in the urban areas, which is focused on the recycling of materials such as paper, glass, plastic and metal. These workers develop their activity in parallel to the official infra-structure provided by the city administration. There are approximately 10,000 paper collectors in the city working with these vehicles. They go for their daily journey with the carts through the city, selecting materials from the garbage left in front of residences, buildings and commercial stores, usually anticipating the arrival of the municipal trucks and playing an important role in the local recycling economy.

The vehicles used for collecting materials are varied in form, especially the wagons, which are many times adapted or even built by the user. The materials employed in their design are usually left-over metal pieces from constructions and other discarded automotive equipment, such as car and motorcycle wheels, tires and ball bearings. The axle of these carts, however, keeps some common features despite the variety in shape of the wagons. It requires soldering equipment and specialized metallurgical craft for its manufacture. It is the part which is responsible for the functional structure of the cart, its weight and drivability. The most frequent types are built using recycled wheels of cars and motorcycles. The car wheels have the advantage of the found object and require less craftsmanship, especially further reinforcement of the wheel structure for supporting weight. They are nevertheless heavier, as wheels without spokes, and as the tires occupy a wider surface of the ground they make the journey of the paper collectors more difficult.[1]

The axle built using motorcycle wheels with metal pipe spokes presents the most audacious solution in design. It was developed through the experience of the collectors in their working journeys and the need for a lighter wagon. The radiating rods attached to the rim of the motorcycle wheel are replaced by a more resistant material, metal pipes or iron bars, and a new hub is manu-factured to house the ball bearings and have the spokes soldered to its shell.

There are different arrangements for the number of spokes in these recycled motorcycle rims as well as to their overall incorporation into the cart. There is also variety in relation to the materials employed. This method of reinforcing the wheels allows the construction of a lighter axle and diminishes considerably the total weight of the vehicle. The models manufactured by Acir Pereira, from the suburb of Parolin, weigh 45 kg (including axle and wagon), and may carry up to 450 kg.[2]

The materials used in the construction of this axle are:
1.) 2 motorcycle rims and tires, with stronger spokes
2.) 2 metal hubs to house the ball bearings and the axle pin – 9,5 cm in length
3.) 1 metal pipe of 85 cm in length, with a diameter of 1,5 inches
4.) 2 iron bars of approximately 30 cm in length, and a diameter of 3/4 inch – these are soldered into the metal pipe to make two pins of 15 cm in each side of the axle
5.) 4 ball bearings

The model described has a total length of 1,16 m which, according to Mr. Acir, is within the rules determined by the city administration that limits the total length of these axles (actually the width of the wagons) to 1,20 m.[3]

---

[1] There isn't much agreement about this among the collectors I have talked to or interviewed. Some of them prefer using axles made of car wheels while others utilize recycled motorcycle rims.

[2] There are also divergent opinions in relation to the weight these wagons can carry. The paper collector Luis Gomes states that the carts with car wheels usually bear up to 350 kg while those with motorcycle wheels approximately 200 kg.

[3] A fast sketch made by the artisan indicates the measures of the metal structure of his wagons: 1,50 m length x 1,20 m height and 0,85 m width. The handle in the front part of the vehicle advances 80 cm in length and is attached to the wagon in the middle of its height, at 60 cm, also reinforced by transversal bars.

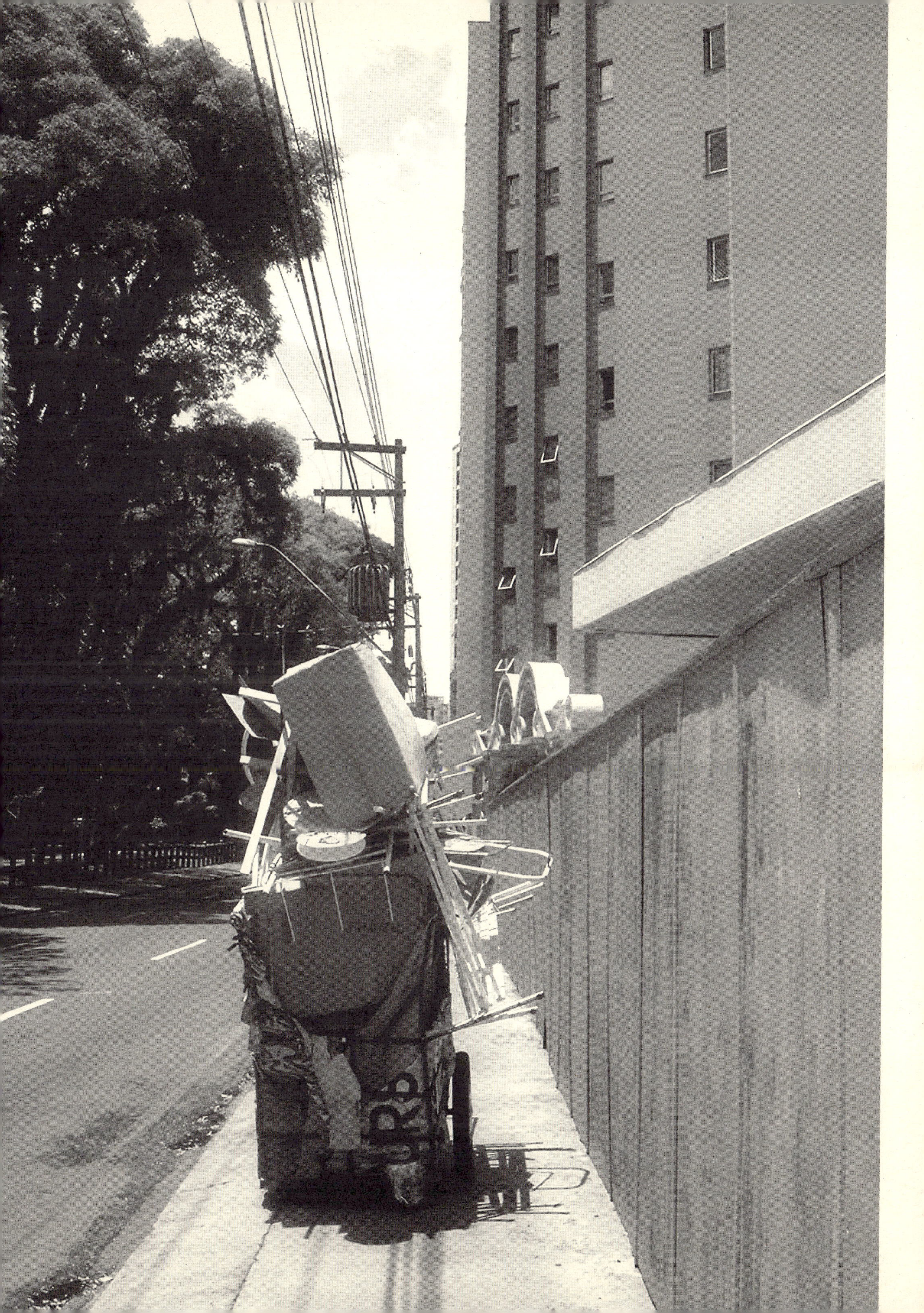

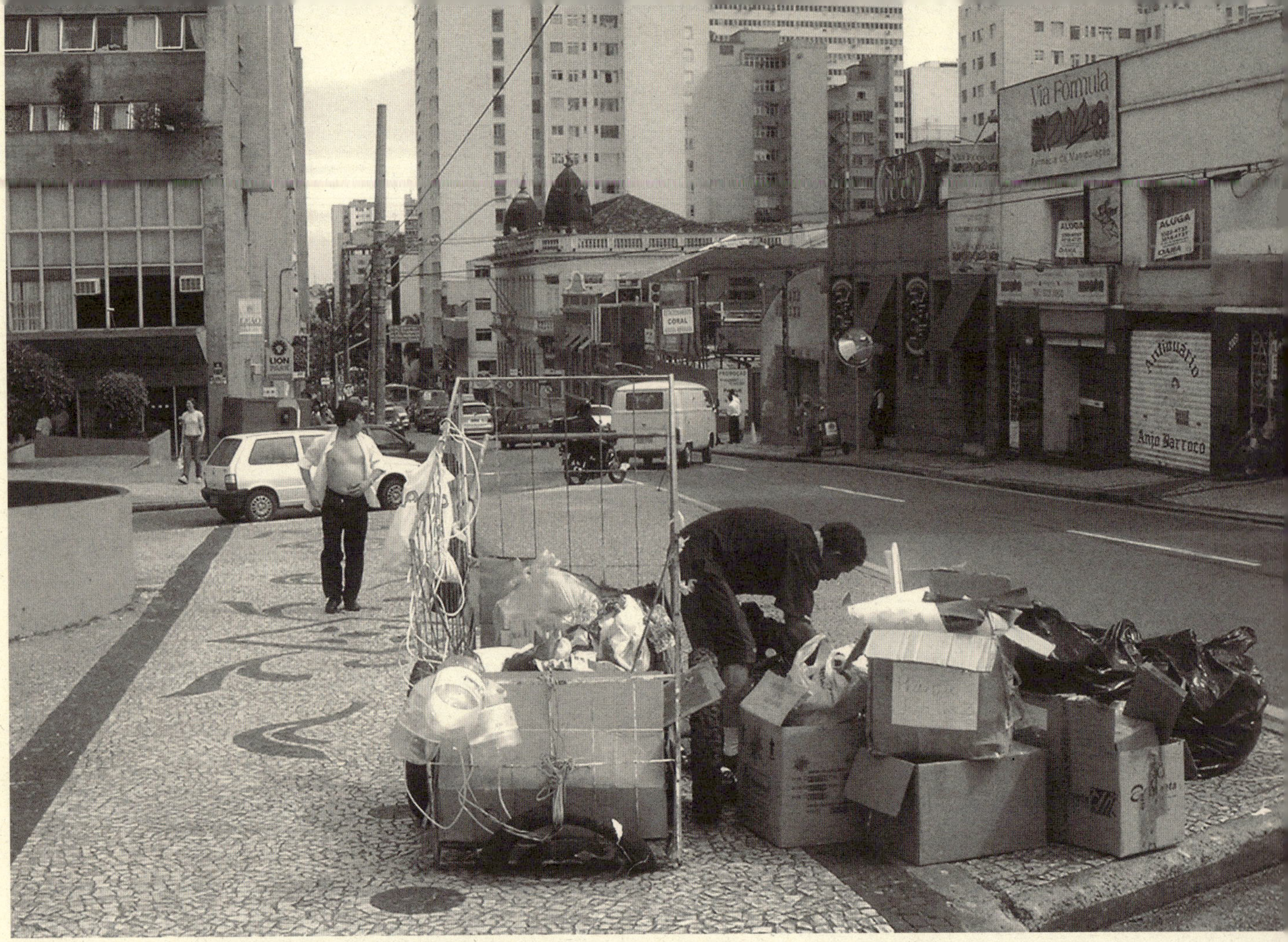

Via Fórmula

frischmann's
CASA CHINA

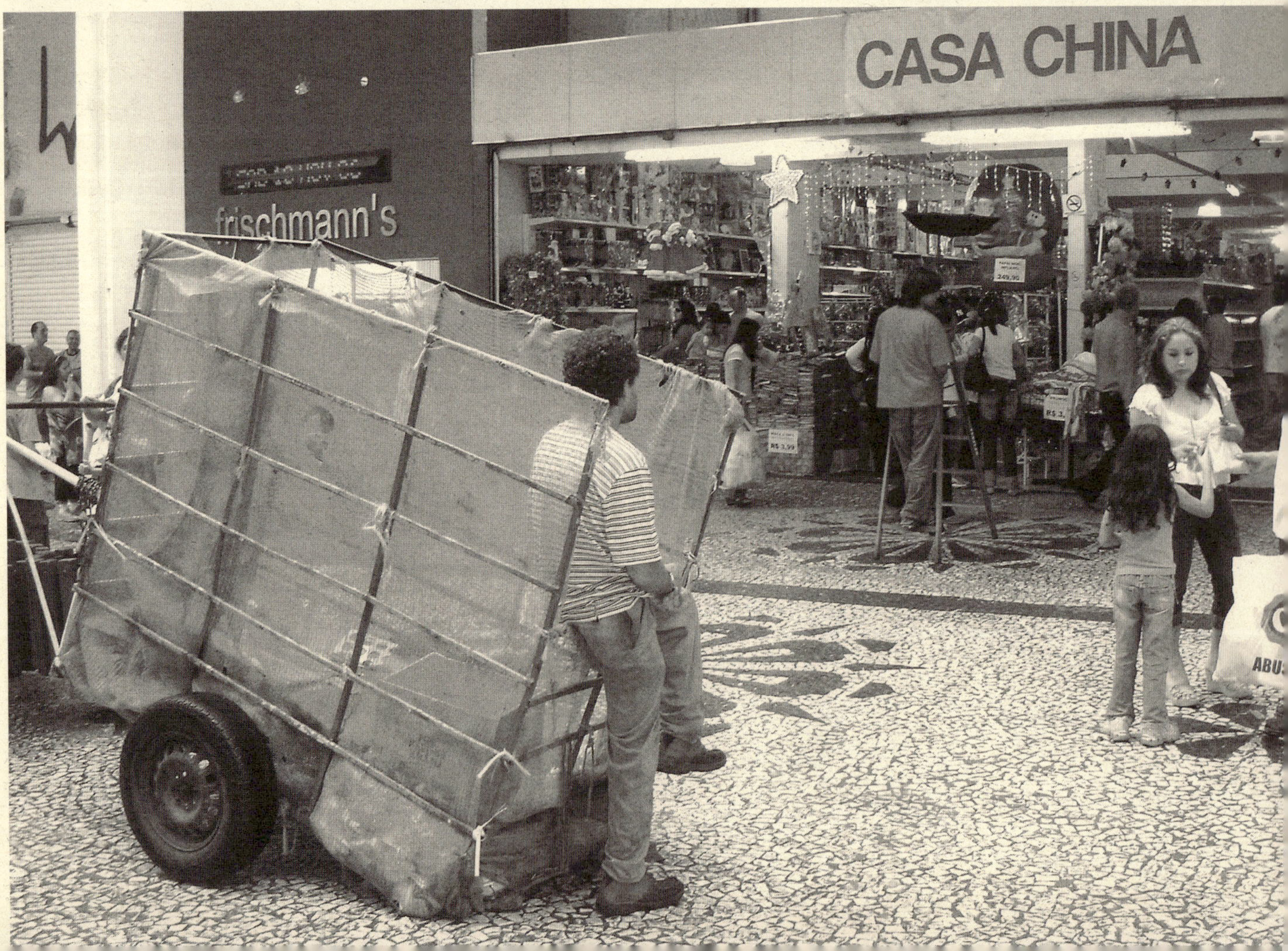

ENTREVISTA COM MINEIRINHO,
AUGUST, 2006
Octávio Camargo

Rosalvo Barbosa da Silva, conhecido como Mineirinho pela sua comunidade, é proprietário de um
pequeno depósito na Vila Torres, em Curitiba. Ele
separa papel, metal, plástico e vidro, e foi um
dos pioneiros da Vila na reciclagem de vidro. Ele
possui um pequeno pátio para amassar garrafas nos
fundos de casa (sem maquinário), e vende cargas
de caco compactado para uma fábrica em São Paulo.
Ele também coordena um pequeno depósito para separação de lixo na Vila Torres. Como um pequeno co-
merciante, durante o dia ele fornece espaço para a
separação de lixo. Aproximadamente 20 outros catadores trabalham com ele. Mineirinho também sai às
noites com o seu carrinho para coletar materiais
pelas ruas da cidade.

Então diz pra mim Mineirinho, como foi que
você começou a trabalhar com vidro?

Olha, eu vou começar do começo
Nós começamos isso aqui por acaso
Então chegou um rapaz um dia falando para nós que o
Caco dava muito dinheiro,
Que ele tava vendendo muito bem e tal, né,
E perguntou por que não mexíamos com isso
Mas só que era conversa, era mentira do cara
Hehehe

Ele trabalhava
Ele pegava aqui e entregava
Em São José dos Pinhais
Aí nós começamos a juntar
Aí ele parou de juntar o material para o cara lá
Nós fomos correr atrás do cara para quem ele
Entregava aquele material
Chegamos lá. O cara pagava uma mixaria
Ele pagava pra ele mais. Menos do que nós pagávamos
Para o pessoal
Aí nós ficamos com em torno de 45 toneladas de caco
Sem saber para quem entregar
Não tinha expectativa, ficamos no ar
Sem saber o que fazer

As firmas grandes que tem em volta de Curitiba,
Que em Curitiba não tem nenhuma firma que compra
Caco, né?

INTERVIEW WITH MINEIRINHO,
AUGUST, 2006
Octávio Camargo

Rosalvo Barbosa da Silva, known as Mineirinho in
his community, is the owner of a small waste
deposit at Vila Torres, in Curitiba. He separates
paper, metal, plastic and glass. He was one of the
pioneers of the Vila in recycling glass. He has a
small park for smashing bottles in his backyard
(with no machinery), and sells loads of compacted
material, *caco*, to a factory in São Paulo. He also runs a small deposit for separating the waste
at Vila Torres. As a small businessman during the
day at the deposit he provides space for separating the waste, and around 20 other collectors work
with him. He also goes with his cart at night to
collect paper on the streets of the city.

So tell us Mineirinho, how did you start to work
with glass?

Well, I will start with the beginning
We began all this by chance
There came here one day a man telling us that the
Glass business made good money
And that he was selling very well, and all of that
And he asked us why didn't we work with it
But it was only fool's talk, he was lying to us
Hehehe

He worked
Collected the material and delivered it
In São José dos Pinhais, for someone there
So we also started to collect
And he stopped to collect for this person
And we tried to run after the guy
To whom he delivered the material
And we got there and he would pay too little money
He paid even less than what we paid for the material
So we had to stay with almost 45 tons of smashed
Glass
Without knowing to whom we could sell it
We were hopeless, in the air
Without knowing what to do

The big companies that you find around Curitiba,
Because in Curitiba there are no companies that
Buy smashed glass

Eles não davam o endereço para nós
Nós ficamos sem saber
Que jogar fora, não podia,
Tinha investido dinheiro, né
Dinheiro para comprar não tinha mais
Ficamos parados

Aí, por acaso, como eu tinha um bar na época
Aí veio, né, resolvi olhar, mandar meus filhos
Olharem no fundo da caixa
Com certeza todas as caixas de copos tem o endereço
Das fábricas
Aí ele olhou, e achou o número do telefone
De uma fábrica muito grande em São Paulo com o
Nome de Fifa
Aí nós ligamos para lá, ligamos e o cara quis
Comprar o nosso caco,

Mas só que tinha que abrir uma firma
Aí foi onde veio o maior problema
Porque, com 45 toneladas de material no pátio
Devendo, sem dinheiro, como é que se vai abrir uma
Firma?
Aí é que foi a situação mais difícil, né?

Mas como tinha eu um contador no bar, né
Ele deu uma força para mim
Ai abriu a firma para nós
Entregamos a primeira carga
Na primeira carga mandamos uma carreta
Para firma lá
Aí logo em seguida foi uma carga por mês
Hoje nós estamos entregando duas cargas por mês
De 15 toneladas cada carga, né
E nós temos o melhor material
É pequeno na verdade, pequeno nosso pátio aqui
Mas é o melhor material
Que o rapaz diz que recebeu ate hoje lá em São Paulo
Então a nossa tendência é a cada dia que passar
Melhorar mais e ampliar mais o nosso negócio
É como diz a historia
Bola pra frente, que é pra frente que se anda!

Heheheh
Então estamos aí
Lutando
Luta e muita luta, né
Mas valeu
Muito obrigado

<u>Faz quantos anos que o senhor trabalha com
reciclagem?</u>

De papel eu comecei em 1975
No norte do Paraná
Em Assis Chateaubriand
Eu era solteiro na época
Aí agora aqui em Curitiba eu vim em 1998

---

They would not tell us the address of the factory
So we remained without knowing
Because we couldn't put all the material away
We had invested money
And we didn't have more money to put in
So we had to stay still

Then by chance, as I had a bar at that time
It happened, that I thought of it, and I told my son
To look at the bottom of a box
For sure all the boxes that we used in the bar would
Have the address of the factory written somewhere
In it and then he went there to see, and found it
He found the telephone number
Of a very big factory in São Paulo, named Fifa
So we called there, we called and the man would buy
Our glass

But we had to have an official business
And that was the biggest problem
Because, with 45 tons of material in the house
Owing, in debt, without money, how could we open an
Official business?
That was the hardest situation, understand?

But as I had an accountant at the bar
He gave us some help with the papers
And opened the business for us
We delivered the first load
The first load we sent by truck
To the company there then, just after it,
We started sending one load a month
Now we send two loads a month of 15 tons each
And we have the best material
Our deposit is little, it is true, a small part
But it is the best material
That the guy from the company says he ever had
So our tendency is that each day that passes
We improve a little our business
And that is how the story goes
We have to keep the ball rolling, because it is
Forward that one should always move!

Hehehe
So here we are
Struggling
Struggle and struggling
But it is nice
Thank you very much

<u>How long have you been working with the waste
cycle?</u>

With paper I started in 1975
In the north of Paraná
In Assis Chateaubriand
I was single at the time
Here in Curitiba I started in 1998

Mas cheguei sem nada
Cheguei aqui só com a roupa do corpo
Hoje nós temos, não vou dizer para você que nós
Temos, mas nós temos um capital
No valor de 100 mil reais

Só que, é como diz a história
É trabalhado e segurado
Porque não adianta eu ganhar 10 reais hoje,
Durante o dia
E gastar ele à noite

Porque eu não sei o que é que vai acontecer no dia
De amanhã
A gente tem que pensar na velhice
Porque se não pensa na velhice, aí não adianta viver

É meu isso aqui, compramos,
Graças a Deus,
Estamos terminando de pagar

Pagamos 58 mil reais nisso aqui
Só que não tinha nada de reboco,
Estava só levantado,
Eu já pagava aluguel aqui

600 reais de aluguel,
Aí o cara me fez uma proposta
58 prestações de mil

Para quem pagava 600 de aluguel!
Quem está com a mão no fogo não custa queimar
O braço
Hehehe
Já está com a mão mesmo
Queima o braço, né, então, logo de uma vez!

Graças a Deus estamos terminando de pagar
Agora em setembro
Com fé em Deus


<u>Qual o seu nome?</u>

Rosalvo Barbosa da Silva
Pernambucano,
Da terra do Presidente
Graças a Deus trabalho com lixo
Sinto muito orgulho de trabalhar nisto aqui

Casei, já trabalhava com isso, criei toda a minha
Família
Tenho 5 filhos
Quatro filhos homens , uma filha mulher
Meu caçula tem 21 anos
Com isso aqui
Sinto muito orgulho
Porque através disso aqui é que a gente conseguiu
Alguma coisa

---

But I came here with nothing
I arrived just with the clothes on my body
And today we have, I would not say we have it, but
We have a capital of around 100 thousand reais

But it is as the story tells
It is worked and saved
Because there is no sense in making 10 reais
During the day
And spending it during the night

I don't know what tomorrow will be
And we have to think about old age
Because there is no sense in living
If you do not think about old age

This place here is mine
Thank God
We are finishing to pay for it

We paid 58 thousand reais for all this
And the walls weren't even finished
There was only the structure built
And I was already paying rent

600 reais of rent
Then the owner proposed to me a deal
Of paying 58 shares of one thousand reais

For one that paid 600 for rent
Who has his hand in the fire doesn't fear to burn
The rest of the arm
Hehehe
His hand is there already
Let's burn the arm then, once and for all!

But thank God now we are finishing to pay it
In September
With faith in God


<u>What is your name?</u>

Rosalvo Barbosa da Silva
From Pernambuco
The land of the President
Thank God I work with waste
I feel very proud of working with this

When I got married, I already worked with that,
I raised my whole family
I have five children
Four sons and one daughter
The youngest is 21 now
With this work
I feel very proud
Because it was through this
That we could get something in life

<u>Qual foi a época em que começou a ter catador de papel?</u>

<u>When did you start to collect paper on the streets?</u>

Quando eu comecei já existia,
Em 1975 já existia

When I started it already existed
There were paper collectors already in 1975

<u>Não se chamava de Campanha Don Camilo antigamente?</u>

<u>Wasn't it called Don Camilo, as a campaign, at that time?</u>

Não é daquela época que eu estava aqui
Porque é lá no norte do Paraná que eu comecei
Então lá já existia
Naquelas cidades pequenas, mas já existia
Em Assis Chateaubriand e em Palotina

At that time I wasn't here
Because I started in the north of Paraná
And in those cities there existed ...
They were small cities, but one could find paper
Collectors in Assis Chateaubriand and Palotina

Em todas essas cidades em 1975 já existiam
Catadores de papel
E muitas fábricas lá em volta também, né
Lá em Assis Charteuabriand tem uma fábrica
Que foi construída em 1953
Quando começou a cidade,
Construíram a fábrica de papel lá

In all of these cities there were
Paper collectors
And there were many factories around
In Assis Chateaubriand there is a paper factory
That was built in 1953
The city was just founded
And they built a paper factory straight away

É um negócio já bem antigo isso aí, viu
Só que numa época era pouca gente
Que mexia com isso

It is an old business this one, you see
The difference is that there were few people at the
Time that worked with this

É que quando eu comecei a mexer com papel e
Juntar papel
O pessoal me chamava de vagabundo
Eu passava assim nas ruas, e o pessoal
Falava pra mim
Você é um piá novo
Porque você não arruma um serviço para trabalhar
Isso aì não é serviço de homem
È serviço de vagabundo
Mas era na rua onde eu ganhava mais
Eu sempre ganhava o triplo do que eles ganhavam
Enquanto eles estavam trabalhando ali,
Noutro serviço
E estavam me chamando de vagabundo
Eu tava ganhando o triplo do que eles ganhavam

When I started to deal
And work with paper
People used to call me a tramp
I passed on the streets and people would tell me
"You are a young man, why don't you find something
To work with?
This is not work for a man
It is just for tramps"
But it was where I made the most money
I always made three times as much as they did
While they were working
On another job
And were calling me a tramp
I made three times more money

Então por isso eu achava melhor mexer com isso
Aqui, né
Não interessa se o cara me chama de vagabundo
Mas se ele ganha 10 e você ganha 30
Muito melhor você ganhar os seus 30 e levar o nome
De vagabundo, né

So that is why I thought it was better to work with
Waste
No matter if people think I was worthless
But if one makes 10 and I make 30
It is better to keep my 30 and be called a tramp,
Isn't it?

Hehehe
Então o que acontecia é isso
Gato escaldado de água quente, da água fria tem
Medo, né

Hehehe
So that was what happened
A washed cat always fears cold water

Em torno de 20 pessoas trabalham comigo
Tenho seis famílias que moram aqui
Eu pago o material para eles
O preço que corre na praça

Around 20 people work here with me
I have six families that live here
I pay the material they collect
The price of the market

Só que aí eles me pagam aluguel das peças
Que eles moram

Então o preço que correr, eu pago
Só que aí eles me pagam o aluguel de 15 reais por
Semana
De cada peça nas quais eles moram

Mas meus carrinheiros, em vista de muitos
Carrinheiros aí, eles tem uma vida boa
Você pode entrar lá no barraco daqueles
Carrinheiros ali ó
Eles tem televisão 29 polegadas, tirada a poucos
Dias da loja
Naqueles barraquinhos ali
Televisão 20 polegadas ali
Dvd, tudo ali
O pessoal que trabalha comigo tem televisão
Tirada de agora a poucos dias

Porque eu, do jeito que eu trabalho
Eu valorizo os meus funcionários também
Porque eu sei como é difícil para eles
Buscar papel
Porque eu também vou
Todo dia o meu horário de chegar em casa
É meia noite e meia, uma hora da manhã

É que eu já tenho aqueles lugares onde eu pego e não
Posso perder
Eu pego nos dois MacDonalds
É um lugar que dá muito papel
E eu não posso perder
Porque se eu colocar outro no meu lugar
Então ele não vai fazer o serviço que eu faço
Se eu mandar outro pegar
Ele vai chegar lá e não vão entregar o material
Para ele
Eu não tenho férias, não tenho nada

É uma fonte muito boa
Eu trago em torno 300 kg de papelão a cada
Dois dias
Que me dá a média de 70 reais por dia
Então não tem como perder, né
Quando chegam seis horas da tarde, eu pego meu
Carrinho

Mas está beleza, precisou de mim, estamos aí
Um bom final de semana pra vocês
E tudo de bom pra vocês

---

And they pay me a rent for the rooms
They live in

So I pay them the price of the market,
Whatever it is and they pay me a rent of 15 reais
A week
For each room they live in

But the people that work with me, compared to
Others, they have a good life
You can walk in their houses,
Of those there
They have a 29-inch TV,
Just bought from the shop
In those small houses there
They have a 20-inch TV,
DVD, all of that
People that work with me they have a television
Just taken out of the shop

Because I, the way I work
I value people that work with me
Because I know how difficult it is for them
To collect paper
Because my hour to arrive home
Is at half
Past midnight or one

I have some places that I collect
And that I cannot lose the opportunity
I collect paper from the two McDonalds
It is a place where one finds lots of paper
Because if I send somebody else
To replace me
He will get there
And they won't give the
Materials to him
I don't have holidays,
I have nothing

It is a very good source
And I bring around 600 pounds of cardboard
Every two days
That makes me around 70 reais a day
So there is nothing to lose
When it is 6 o´clock in the afternoon
I take my cart and go ...

But it is ok, if you need me, I am here
A very good weekend to you
And all the best for you all

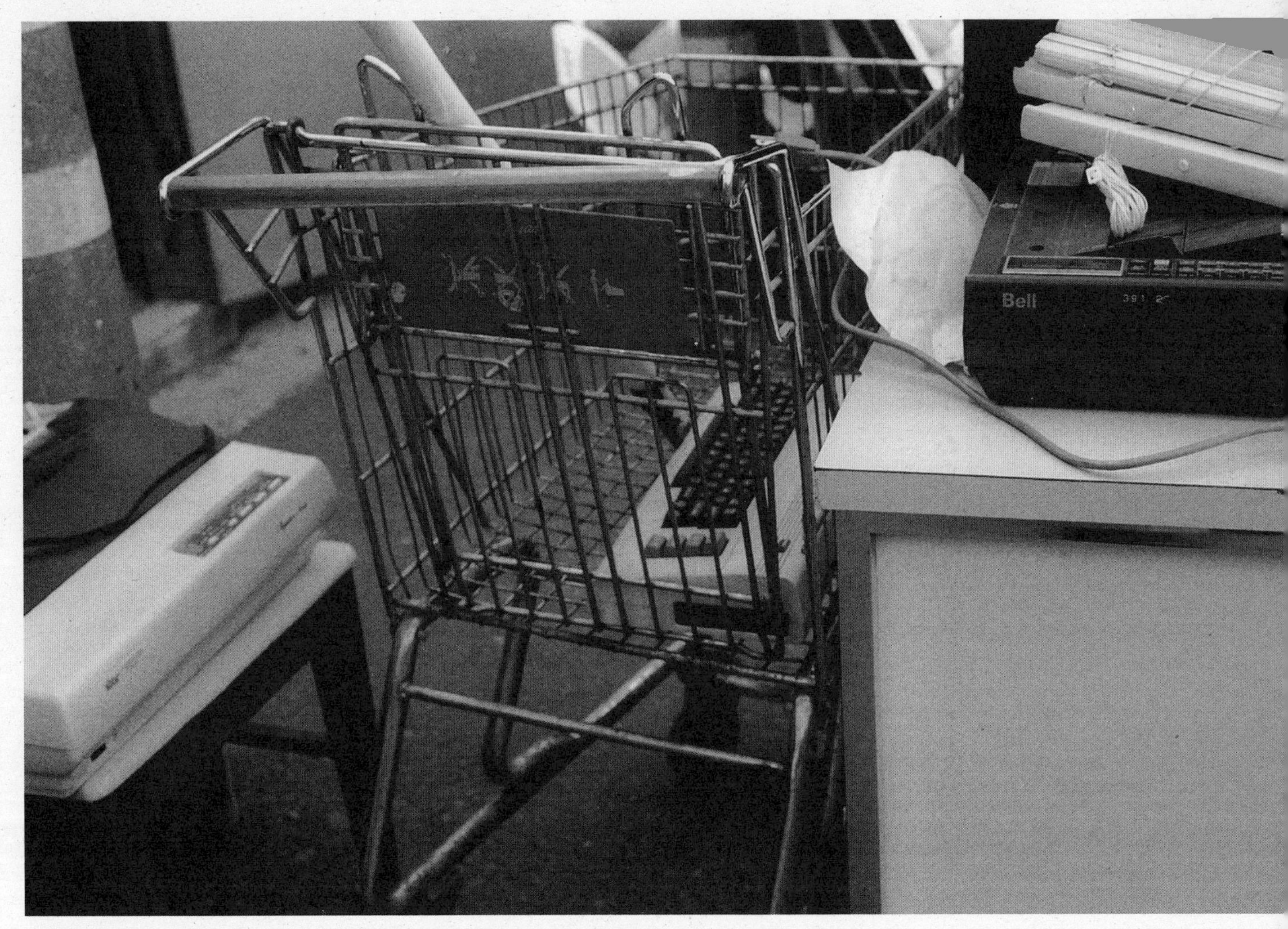
Bell

# CIRCULATING CARTS, SALVAGING CONNECTIONS
Jennifer Gabrys

Vacant lots and river beds, back alleys and pocket parks all play temporary host to this one artifact: the shopping cart. Inevitably, these are big carts, jumbo-sized, floating in urban spaces, invisible and momentarily poised before they move or are pushed – mysteriously – to some other location. Logos etched in the requisite plastic panels: Dollar Stores and Wal-Marts, Ralph's and Safeways, Tescos and ASDAs. In the West, the Global North, or the "First World" (depending on one's point of reference), these abandoned wire-frame vehicles stand in for consumption in excess: Bottomless containers that can swallow up racks, aisles and shelves of goods with efficient ease. And the carts, as much as the objects they contain, all seem to be subject to the same fated disposability.

Landfills, rivers and shipping containers catch, gather and redirect all these disposables to yet another location. A swift trade exists in trafficking wastes across economic divides, so that cheap electronics and second-hand clothing, together with scrap metal and assorted debris, may travel from the Global North to the Global South. Scavengers, working in the informal waste economies, salvage and repurpose goods and materials that are as much a product of this waste trade, as they are leftovers from home-grown consumption. The "transborder flows" of materials and money, commodities and wastes, crisscross the globe, so that any given thing may travel thousands of kilometers and pass through multiple locations and sets of hands in the course of its making, use, disposal, recycling or dumping.[1] Material economies and flows depend on these interlocking practices, however disparate and remote they may seem from the point of consumption. The "informal" practices of salvaging are essential to the repurposing of materials for additional cycles of production and consumption. And so those other carts, the carts mobilized for salvaging, are integrally connected to those carts for consumption.

But it would be too easy to contrast these empty barrows of consumption with those other carts discussed here, the carts of salvagers working in and from favelas, who use carts not to shop, but to scavenge. For inevitably each cart has a story, it connects up a trajectory whether from bargain emporium to home or from curbside to recycler, a tale of filling up and emptying. While the cart does hold these circulating meanings, of leisure and labor (and even the contested relation between the two) it does not collapse into these two meanings simply. Instead, the cart gathers up a whole assortment of things – leisure and labor, but also stories of consumption and waste, resources and resourcefulness, global and informal economies, peripheral geographies and the well-worn routes of the everyday. No doubt, the shopping carts abandoned in the West also remind that for all their apparent bounty, these lost vehicles were most likely pushed through city streets by people without cars, and possibly even of limited means – so like the scavengers' carts, these shopping carts remind of the disparate economies that play out across the globe.

In the cart stories told here, these multiple meanings collect and gather through and into the cart, which as it circulates across our global landscapes – from shopping trolley to scavenging device and even homeless shelter – transforms. Through these circulations, cart and subject, site and practice, shift across multiple registers. These are circulations, artifacts, subjects and sites that are at once resonant and dissonant; practices and political relations that assemble and unfold through the cart so that this one device "elaborates" specific yet connected landscapes. The multiple connections that emerge with carts in circulation could be described through what Dilip Parameshwar Gaonkar and Elizabeth A. Povinelli describe as the cultures of circulation, or the "proliferating copresence of varied textual/cultural forms in all their mobility and mutability."[2] Things are never simple or autonomous, but instead intersect, conflict and connect up in richly populated fields. The processes of cir-

culation reveal these fields, so that what we take for "common space" or "social connection" at once expands and reveals the density of experiences that collect in these sites.

While scavengers' carts then literally gather up the debris from cities and from international materials flows, they also gather up stories. Rattling around in these purpose-built devices are stories of things that circulate and the people who collect them; stories of economies that are official and not-so-official, but just as integral to the flow of goods; stories of survival and resourcefulness; stories of community and conflict; and stories also of how artistic practice circulates, the sites in which it engages and the tales it too seeks to salvage. In this way, the carts constructed here reveal *elaborate social connections* as much they elaborate upon such social connections. The specificity of sites and the formation of publics that emerge in these cart stories are bound up with these multiple, non-reductive circulations and connections. To (re)construct carts is then to chart and claim responsibility for these connections.

[1] World Resources Institute; Wuppertal Institute; Netherlands Ministry of Housing, Spatial Planning, and Environment; National Institute for Environmental Studies, *Resource Flows: The Material Basis of Industrial Economies* (Washington D.C.: 1997).

[2] Dilip Parameshwar Gaonkar and Elizabeth A. Povinelli, "Technologies of Public Forms: Circulation, Transfiguration, Recognition," *Public Culture* vol. 15, no. 3 (2003), 391.

## CARRINHOS EM CIRCULAÇÃO, CONEXÕES DE COLETA
Jennifer Gabrys

Terreno baldios e margens de rios, becos e praças tornam-se anfitriões temporários para esse objeto: o carrinho de compras. Inevitavelmente, estes são carrinhos grandes, tamanho jumbo, flutuando nos espaços urbanos, invisíveis e momentaneamente suspensos antes de se moverem ou serem empurrados – misteriosamente – para outro local. Logomarcas impressas nos indispensáveis painéis plásticos: lojas de um Dólar e Wal-Marts, Ralph's e Safeways, Tescos e ASDAs. No Oeste, no Norte Global, ou no "Primeiro Mundo" (dependendo do ponto de referência), estes veículos metalicamente emoldurados são signos do consumo excessivo: receptáculos sem fundo capazes de engolir cremalheiras, corredores e prateleiras com uma facilidade eficiente. E os carrinhos, assim como os objetos que estes contêm, parecem ter a mesma predeterminação descartável.

Aterros, rios e contêineres recebem, agrupam e redirecionam todos esses descartáveis para outro local. Existe um comércio eficaz em traficar sobras entre secções econômicas, fazendo com que eletrônicos baratos e roupas de segunda-mão, juntamente com ferro velho e diversos restos, possam viajar do Norte Global para o Sul Global. Catadores, trabalhando para a economia informal dos descartados, resgatam e convertem bens e materiais que são tanto produtos deste comércio de descartáveis quanto sobras do consumo domiciliar. Os "fuxos transfronteiriços" de materiais e dinheiro, mercadorias e desperdícios, entrecruzam o globo, de modo que qualquer coisa possa viajar milhares de quilômetros e passar por múltiplos

43

locais e mãos no curso de sua factura, uso, eliminação, reciclagem ou despejamento.[1] As economias e fluxos materiais dependem dessas práticas interconectadas, por mais díspares e distantes que possam parecer do ponto de vista do consumo. As práticas "informais" de coleta são essenciais para a conversão de materiais em ciclos adicionais de produção e consumo. Assim, aqueles outros carros, os carrinhos preparados para reciclagem, estão integralmente conectados àqueles carrinhos para o consumo.

Seria demasiado fácil contrastar estes carrinhos de mão vazios do consumo com aqueles outros aqui discutidos, os carrinhos dos catadores que trabalham e vem das favelas, os que usam os carrinhos não para comprar, mas para coletar. Inevitavelmente cada carro possui uma história que se liga à trajetória do mercado da troca para casa ou da calçada para o reciclador, um conto de enchimento e esvaziamento. Enquanto o carro mantiver estes significados de circulação, de lazer e trabalho (e mesmo da contestável relação entre os dois) não se dilui simplesmente nestes dois significados. Ao invés, o carrinho recolhe uma grande variedade de coisas – lazer e trabalho, mas também histórias de consumo e desperdício, recursos e riquezas, economias globais e informais, geografias periféricas e as desgastadas rotas diárias. Sem dúvida, os carrinhos de compras abandonados no Oeste lembram sua aparente recompensa, estes veículos perdidos foram muito provavelmente empurrados pelas ruas da cidade por pessoas sem automóveis, muito provavelmente de meios limitados – assim como os carros de catadores, estes carrinhos de compras evidenciam as díspares economias existentes no globo.

Nas histórias de carrinhos contadas aqui, esses significados múltiplos coletam e recolhem através e no carro que, enquanto circulam através da paisagem global – do carrinho de compras ao dispositivo de coleta e as vezes abrigo ao sem-teto – transforma. Com estas circulações, carro e sujeito, o local e a prática, deslocam-se através de múltiplos índices. Estas são circulações, objetos, sujeitos e locais que são ao mesmo tempo ressonantes e dissonantes; práticas e relações políticas que reúnem e revelam através do carro de modo que este dispositivo "elabora" uma peculiar embora ligada paisagem. As múltiplas conexões que emergem com carrinhos em circulação podem ser descritas com o que Dilip Parameshwar Gaonkar e Elizabeth A. Povinelli descrevem como as culturas da circulação, ou a "proliferante co-presença de variadas formas textual-culturais em toda sua mobilidade e mutabilidade."[2] As coisas nunca são simples autônomas, ao invés cruzam-se, opõe-se e conectam-se em campos ricamente povoados. Os processos de circulação revelam esses campos, de forma que o que tomamos por "espaço comum" ou "conexão social" imediatamente se expande e revela a densidade das experiências que coletam nestes locais.

Enquanto carrinhos de catadores literalmente recolhem os restos das cidades e dos fluxos internacionais de materiais, também recolhem histórias. Chocalhando ao redor destes dispositivos especificamente criados, estão histórias de economias oficiais e não tão oficiais, mas tão integrais quanto para o fluxo de bens; histórias de sobrevivência e riqueza; histórias de comunhão e conflito; e também histórias de como a prática artística circula, os locais em que se compromete e as histórias que busca resgatar. Desta forma, os carros construídos aqui *revelam elaboradas conexões sociais* tanto quanto as elaboram. A especificidade dos locais e a formação de povos que emergem nestas histórias estão estreitamente ligadas a essas múltiplas, não-redutivas circulações e conexões. (Re)construir carrinhos é traçar e reivindicar responsabilidade por essas conexões.

---

[1] World Resources Institute; Wuppertal Institute; Netherlands Ministry of Housing, Spatial Planning, and Environment; National Institute for Environmental Studies, *Resource Flows: The Material Basis of Industrial Economies* (Washington D.C.: 1997).

[2] Dilip Parameshwar Gaonkar and Elizabeth A. Povinelli, "Technologies of Public Forms: Circulation, Transfiguration, Recognition," *Public Culture* vol. 15, no. 3 (2003), 391.

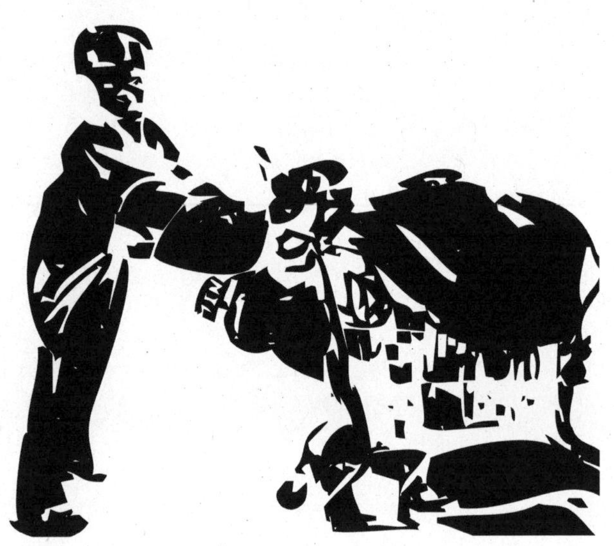

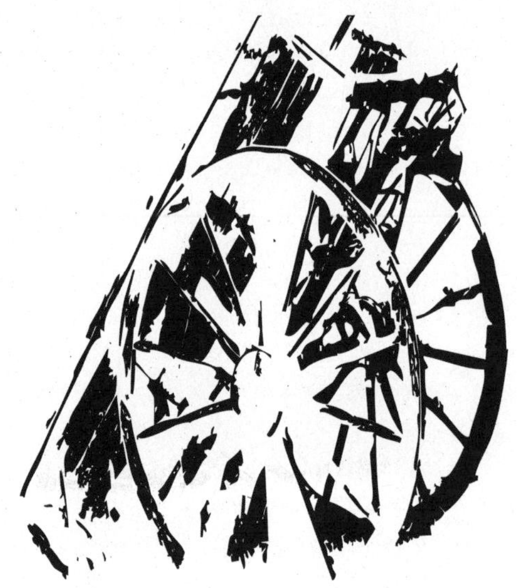

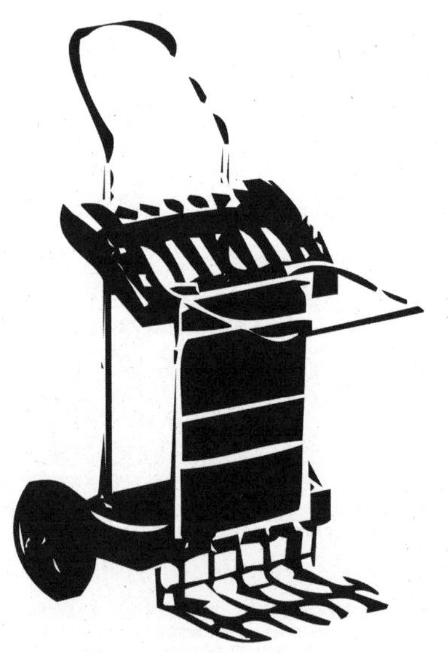

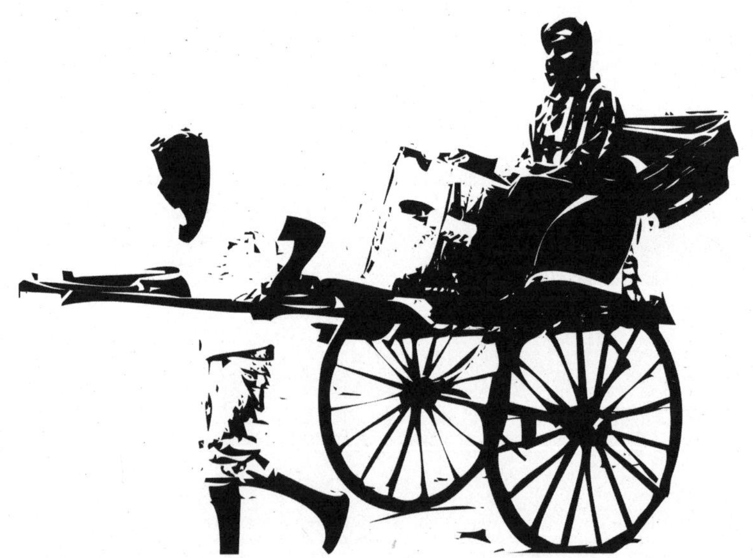

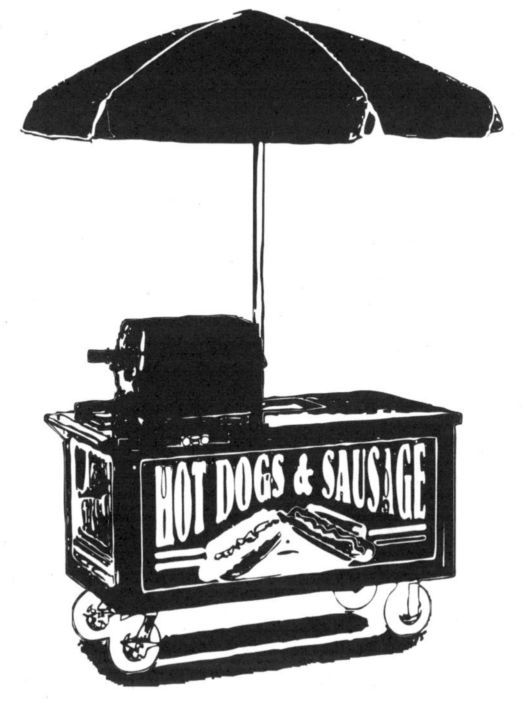

HOT DOGS & SAUSAGE


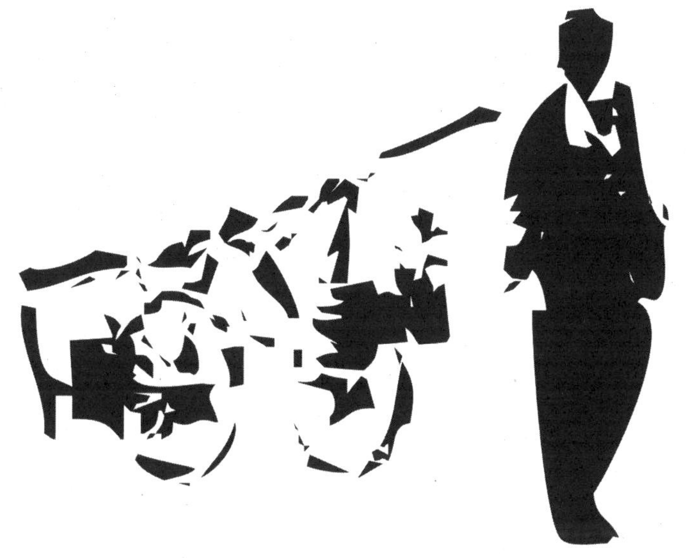

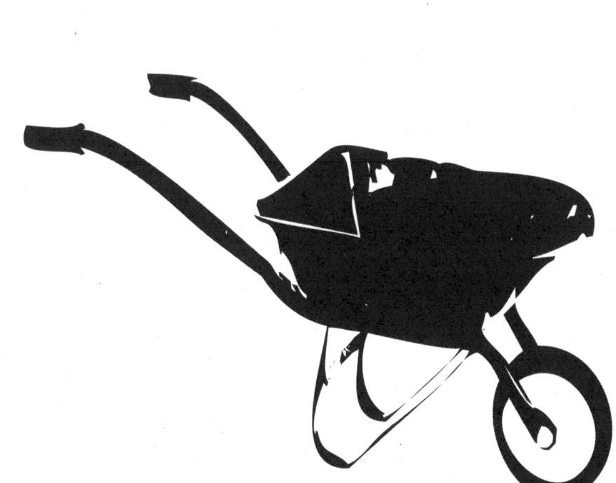

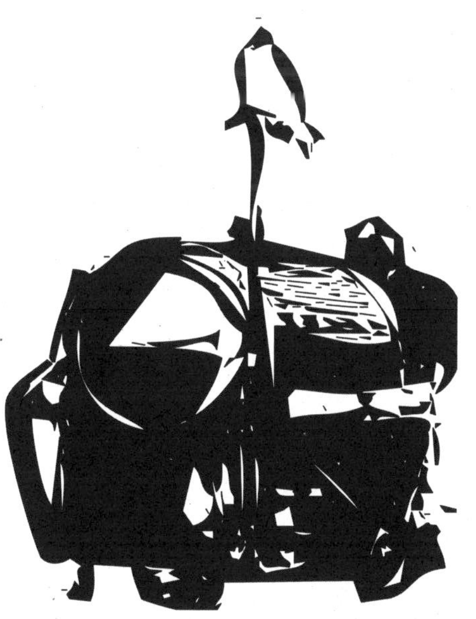

# TRANSPOSIÇÃO DE SITE SPECIFIC: UM VEÍCULO PARA LIMPAR O ESPÍRITO DA CIDADE /

# TRANSPOSITION OF SITE SPECIFICS: A VEHICLE FOR CLEANING THE SPIRITS OF THE CITY

como ocorreu em Curitiba
*as it happened in Curitiba*

by Margit Leisner

A tradução de uma cadeia de montanhas e uma pegada sobre a montanha são a mesma coisa
*The translation of a chain of mountains and a footprint on the mountain are the same thing*

Onde há fumaça há um pajé
*Where there is smoke there is a shaman*

O Fumacê do Descarrego acontece como uma caixinha, cada um dá um pouco, ajuda na cerveja, tem o lance do ferro velho … de encontrar um transporte.
*Fumacê do Descarrego[1] happens like a small box (a collective gathering of money for a specific event), each one gives a little, helps to pay the beer, there is also the junk yard … finding transportation.*

O Fumacê é móvel e também é portátil. Das inúmeras invenções cariocas, o Fumacê é das que tem possibilidades de se deslocar sem perder suas características, uma espécie de esperanto, pensando assim em uma tradução.
*Fumacê is mobile and also portable. Within the numerous inventions from Rio de Janeiro, Fumacê is one that has possibilities of being transported without losing its characteristics; a type of Esperanto, if one considers the issue of translation.*

Texto-bula de Alexandre Vogler, descrição do Fumacê: "Mega defumada móvel realizada pelo cole-

tivo Rradial, integrado por Alexandre Vogler, Luis Andrade, Ronald Duarte e Ericson Pires. Na verda de trata-se de caminhão aberto onde integrantes do grupo e artistas voluntários queimam, em cima da caçamba do caminhão em movimento, 100 kg de defumador (desses usados em umbanda) em uma grande chaminé de metal construída sob a forma de um tablete de defumador. A queima, inspirada nos carros-pesticidas usados na erradicação da Dengue no Rio de Janeiro, tem por fim exercer a limpeza espiritual da cidade executada pela fumaça provinda da queima das ervas que compõem o defumador – alecrim, benjoim, alfazema e mirra."
*Description of the Fumacê project by the artist Alexandre Vogler: "Mega mobile incense burning made by the collective Rradial, formed by Alexandre Vogler, Luis Andrade, Ronald Duarte and Ericson Pires. In fact, it is about an open truck where the artists who define the group and other volunteer artists burn, on the wagon of the truck in movement, 100 kilos of incense (those used in umbanda rituals) in a big metal chimney constructed in the form of an incense tablet. The actual burning, inspired by the pesticide cars used to fight the epidemics of Dengue in Rio de Janeiro, has the objective of performing a spiritual cleaning of the city, executed by the smoke that comes from the burning herbs that compound the censer – rosemary, benjoin, lavender and myrrh."*

Até subir na caçamba e o Fumacê acontecer várias coisas são necessárias. Tem uma montagem, subir a chaminé na caçamba, fixá-la bem para que não dance com o movimento do caminhão … certificar-se de que há um balde que pode servir de instrumento para batucada ou também para alguma outra eventualidade, em caso de incêndio, sei lá. Tomando cerveja, bebidinhas alcoólicas e tal …
*Many things are requested before one steps onto the truck and the Fumacê starts to move. There is a setting, putting up the chimney on the truck, to fix it properly so that it doesn't dance with the movement of the truck … to make sure that there is a bin at hand that is used for the batucada (rhythm) and also for any other eventuality, in case of fire, I don't know. Drinking beers, talking and so on …*

Seu Reinaldo – o motorista do caminhão – jamais havia participado de uma ação como essa e o seu caminhão tinha na parte traseira os dizeres: conduzido por Nossa Senhora Aparecida (isso foi bom pois não havíamos planejado a rota anteriormente).

*Mr. Reinaldo – the truck driver – had never partici-pated in such an action before, and his truck had the following saying on the back: conducted by Nossa Senhora Aparecida (this was good because we hadn't planned any route beforehand).*

Como é trazer o Fumacê?
*How is it to bring Fumacê to a city?*

O Vogler me escreveu dizendo que "... a logística é a seguinte: caminhão grande de caçamba aberta, de-fumador, (+ ou – 300 reais / caso não achem por aí posso providenciar aqui e levar), carvão (5 sacos) e a chaminé ... a chaminé daqui é feita de latão em formato piramidal ... seria o caso de contatar o pes-soal dos grupos que falou e pensarmos uma solução pra isso. Algo que faça as vezes de uma chaminé de forma segura e poética ... as faixas também podem ser criadas ai com a galera ..."
*Vogler wrote to me saying that "... the logistics are the following: big truck with open wagon, censer (+ or – 300 reais / in case you don't find it there I can bring it from here), chalk (5 bags) and the chimney ... the chimney we have here is made out of steel in pyramidal form, but I guess there will be no time to build it there. It would be the case to contact the guys from the groups you mentioned and we think of a solution for this. Something that could replace a chimney in a poetical and safe way ... the banners can also be created in the city by the crew ..."*

Fui verificar algumas coisas, elas vieram em partes. Pensei eu: vou numa fundição ou num ferro velho? Pensei também em ir até a antiga estação ferroviá-ria (a única que temos em Curitiba) e trocar uma idéia com o seu Gilmar que faz a manutenção da Li-torina (linha de trem de passageiros Maria Fumaça) há 40 anos. Conheci ele e a esposa dele num chur-rasco dos peões lá mesmo na estação. Sem ele a Ma-ria Fumaça não viaja e sem ele não sai o churrasco também. Ele é o pajé, o cara da combustão, que en-tende de chaminé e de churrasqueira, conheçe os ca-minhos da fumaça.
*I went out to check some things, they came in parts. I thought: should I go to a casting company or a junkyard? I thought I should go to the old train sta-tion (the only one we have in Curitiba) and have a chat with Mr. Gilmar who works 40 years now for the maintenance of the Litorina (a train line, Maria Fumaça, for passengers). I met him and his wife at a barbecue for the workers held also at the train sta-tion. Without him the Maria Fumaça doesn't travel nor does the barbecue happen. He is the pajé, the combustion guy, who knows much about chimneys and also barbecues, he knows the ways of the smoke.*

E encontramos a chaminé prontinha, com as medi-das exatas, em um ferro velho. Era uma chaminé de um forno de pizzaria. Deixei meu cheque caução de 1mil e tantos, que naquele momento era igual à cha-miné. E não tinha como transportar (eu fui de car-ro, mas não coube) até a galeria onde iríamos en-contrar o caminhão na manhã seguinte.
*And we found a perfect chimney just the way we wanted it, with the exact measurements in a junk-yard. It came from an oven that belonged to a piz-zeria. I left a deposit of one thousand and some hun-dred reais, which at that moment was equivalent to the chimney. Yet we did not know how to transport it (I went by car, but it didn't fit) to the gallery where we would find the truck the next morning.*

O Ronald tratou um frete com um gaioteiro que le-vou a chaminé do ferro velho até a porta da galeria, e a colocamos no saguão do edifício da galeria por uma noite. O guarda da galeria permitiu que ela fi-casse lá até a manhã seguinte.
*Ronald negotiated the transportation of the chim-ney with a paper collector. He moved the object in his cart from the junkyard to the gallery and we placed it in the entrance hall of the gallery building. The guardian of the gallery that worked the night shift gave us permission to leave the chimney there until morning.*

Fui atrás de um caminhãozinho (...) liguei para o seu Wilson que há muitos anos faz os meus fretes (...) eu vou te dar o telefone de um amigo meu. Eu liguei pro cara um dia antes e ele marcou de aparecer com o caminhão na Galeria da Caixa na manhã seguinte.
*I ran after a small truck (...) I phoned Mr. Wilson who does all the transportation for me since many years (...) I will give you the phone number of a friend of mine. I called him the night before and he agreed to show up with the truck at Galeria da Caixa the next morning.*

Aconteceu que caiu um dilúvio durante a noite ...
*It happened that a strong rain came down all night ...*

Esperei até as sete horas da manhã e liguei pro seu

Reinaldo (...) acho melhor o senhor esperar um pouco pra sair de casa ...
*I waited until seven o'clock in the morning and called Mr. Reinaldo (...) I think it is better if you wait a bit to leave your house ...*

Marcamos o encontro em frente da galeria às nove horas.
*We agreed to meet in front of the gallery at nine.*

Enquanto isso alguns amigos ligaram para saber se a ação iria ou não acontecer ...
*Meanwhile some friends called asking whether the action was really going to take place or not ...*

Vogler e Ronald chegaram juntos e na sequência Dayana, Alex Hamburger, Andre Mendes, Juan Parada, Fernando Franciosi, Guga, Lívia, Fernando de LaRocque, Roosivelt, Romano, Rubens ... carregamos a chaminé para fora do hall da Caixa, escada abaixo até a calçada em frente ao prédio. Não me recordo se chovia ou não.
*Vogler and Ronald arrived together and then Dayana, Alex Hamburger, Andre Mendes, Juan Parada, Fernando Franciosi, Guga, Lívia, Fernando de La-Rocque, Roosivelt, Romano, Rubens ... we moved the chimney out of the hall, down the stairs to the sidewalk in front of the building. At this moment I don't recall if it was raining or not.*

Um caminhão vermelho surge na esquina.
*A red truck appears on the corner.*

Seu Reinaldo pareceu estar bem à vontade com todos os passos seguintes. Ele manobrou o caminhão até que estivesse bem posicionado.
*Mr. Reinaldo seemed to be very at ease with all the following steps. He moved the truck back and forth until it was placed in a good position.*

À esta altura tínhamos a chaminé, o caminhão, o defumador e alguns amigos. Agora precisávamos de uma base de churrasqueira, carvão e montar a traquitana na caçamba do caminhão.
*At this point we had a chimney, the truck, herbs and some friends. Now we needed a grill box and charcoal, and to build it all up on the truck.*

Coletamos uns trocados e fomos buscar umas cervejas no Café do Estudante, um conhecido quiosque numa praça logo ali ... no caminho trocamos uma idéia, eventualmente olhando para o céu enquanto aguardávamos para atravessar a rua.
*We gathered some change and went to pick up some beer at Café do Estudante, the familiar kiosk at a square nearby ... on the way we chat, eventually looking up to the sky while we wait to cross the street.*

Caminhamos de volta até a galeria, coletamos mais algum dinheiro e fomos a um supermercado ali perto para buscar um kit de churrasqueira portátil. Compramos o último que havia disponível e também verificamos o carvão, havia o bastante ...
*We walked back to the gallery, collected some more money and went to a nearby supermarket to find a portable grill kit. We took the last one they had and also checked for the charcoal; there was enough of it ...*

À esta altura havia mais azul do que nuvens no céu e não tenho idéia de que horas eram nem quando a ação começou ...
*At this point there was more blue than clouds in the sky, I had no idea what time it was nor when the action started ...*

... ocasionalmente alguns sons de instrumentos rítmicos como chocalho, pandeiro, bongo ... a chaminé foi colocada na caçamba do caminhão, coube perfeitamente mas teve que ser muito bem fixada com cordas e tal. Então abrimos a caixa com o kit de churrasco, precisávamos apenas de uma parte para queimar o carvão e o defumador. O Ronald cuidou dos itens restantes que eram desnecessários, como os espetos que foram removidos da caçamba para que ninguém se machucasse. Agora necessitávamos de um balde ... e ... Leo passa, o namorado dela que por acaso mora logo ali na esquina poderia nos emprestar um balde, e assim foi.
*... occasionally some noises of rhythmical instruments like chocalho, pandeiro, bongo ... the chimney was put in the truck, it fit perfectly but needed to be very well fixed, with cords and so on. Then the grill box was opened, we only needed one part of it to burn charcoal and herbs. Ronald took care of the remaining unnecessary items like the skewers he took out of the truck so nobody would be hurt. Now we needed a bucket ... and ... Leo passes by, her boyfriend happens to live right at the corner, he could lend us a bucket, and so it was.*

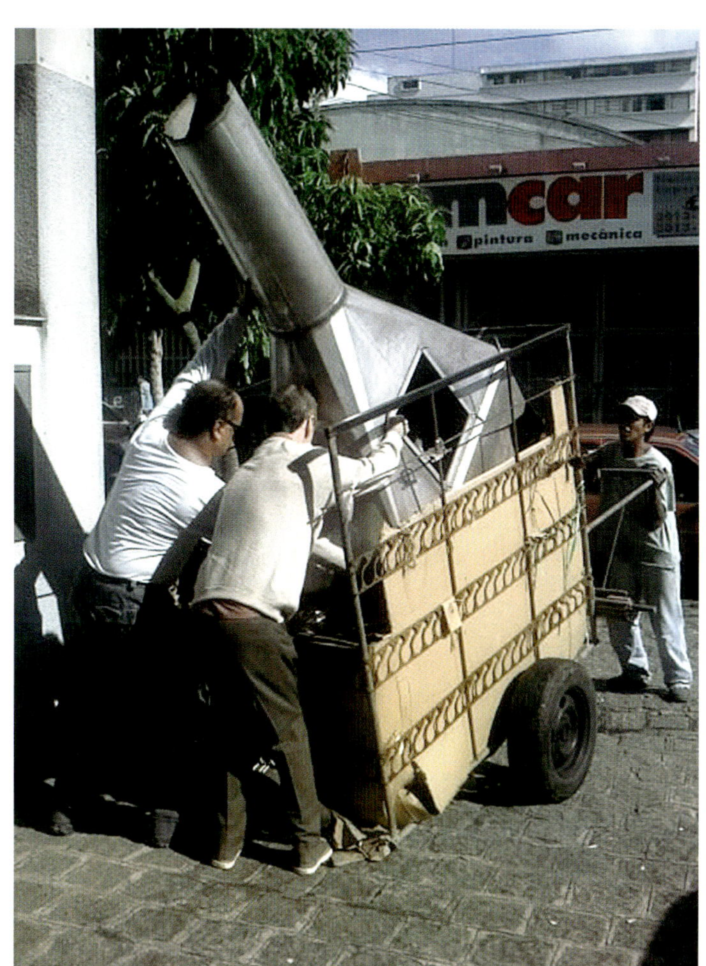
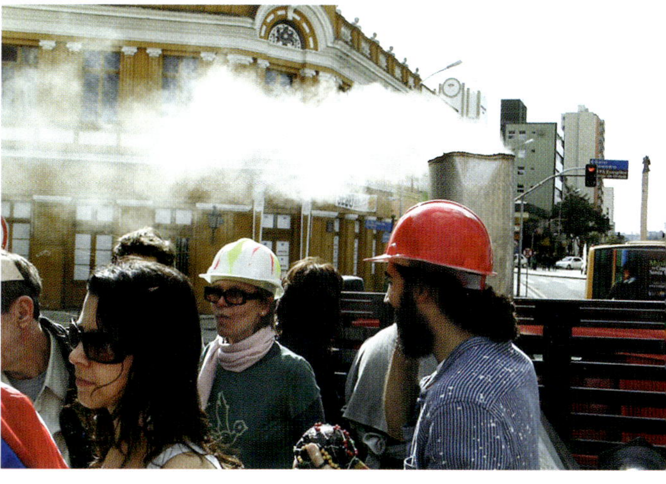
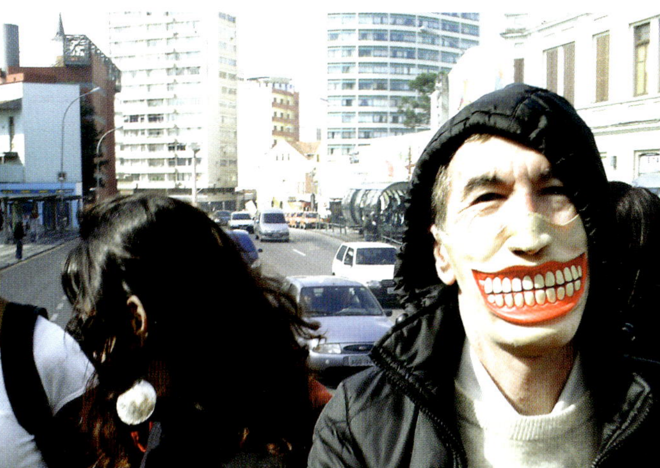


FUMACÊ
DO DESCARREGO
NOSSA SENHORA
DE APARECIDA
ME PROTEJA
FRETE

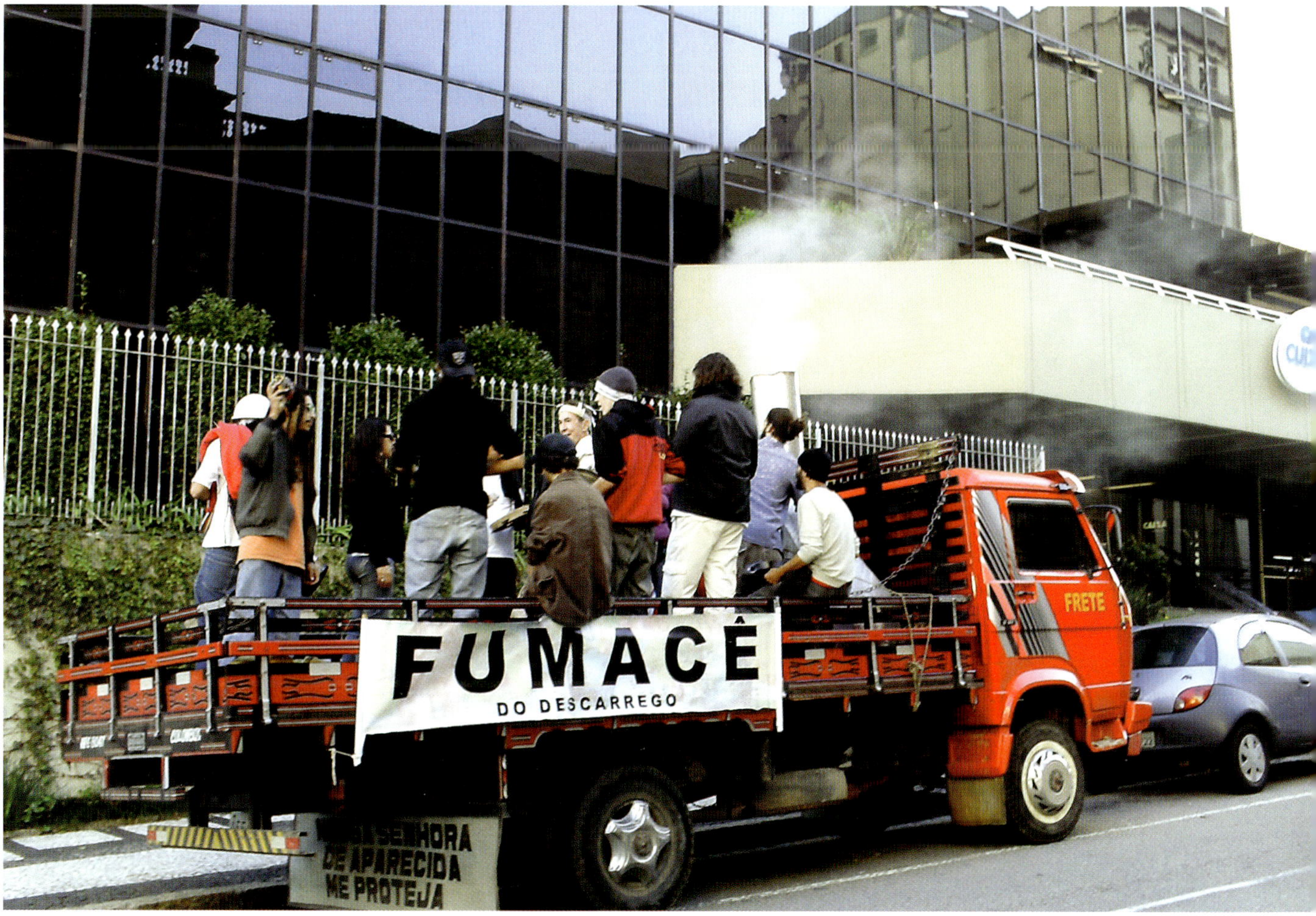

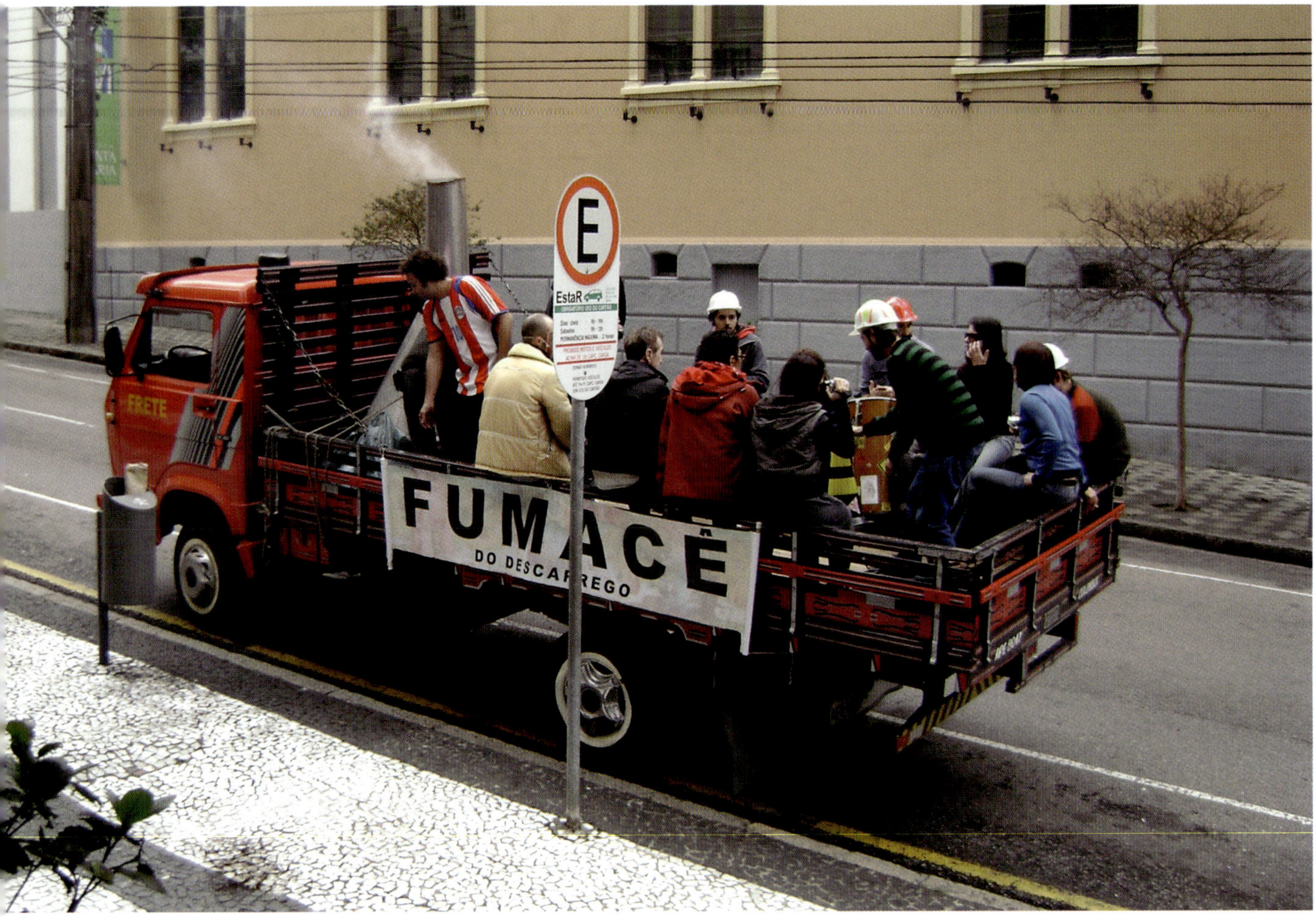

FUMACÊ
DO DESCARREGO
FRETE

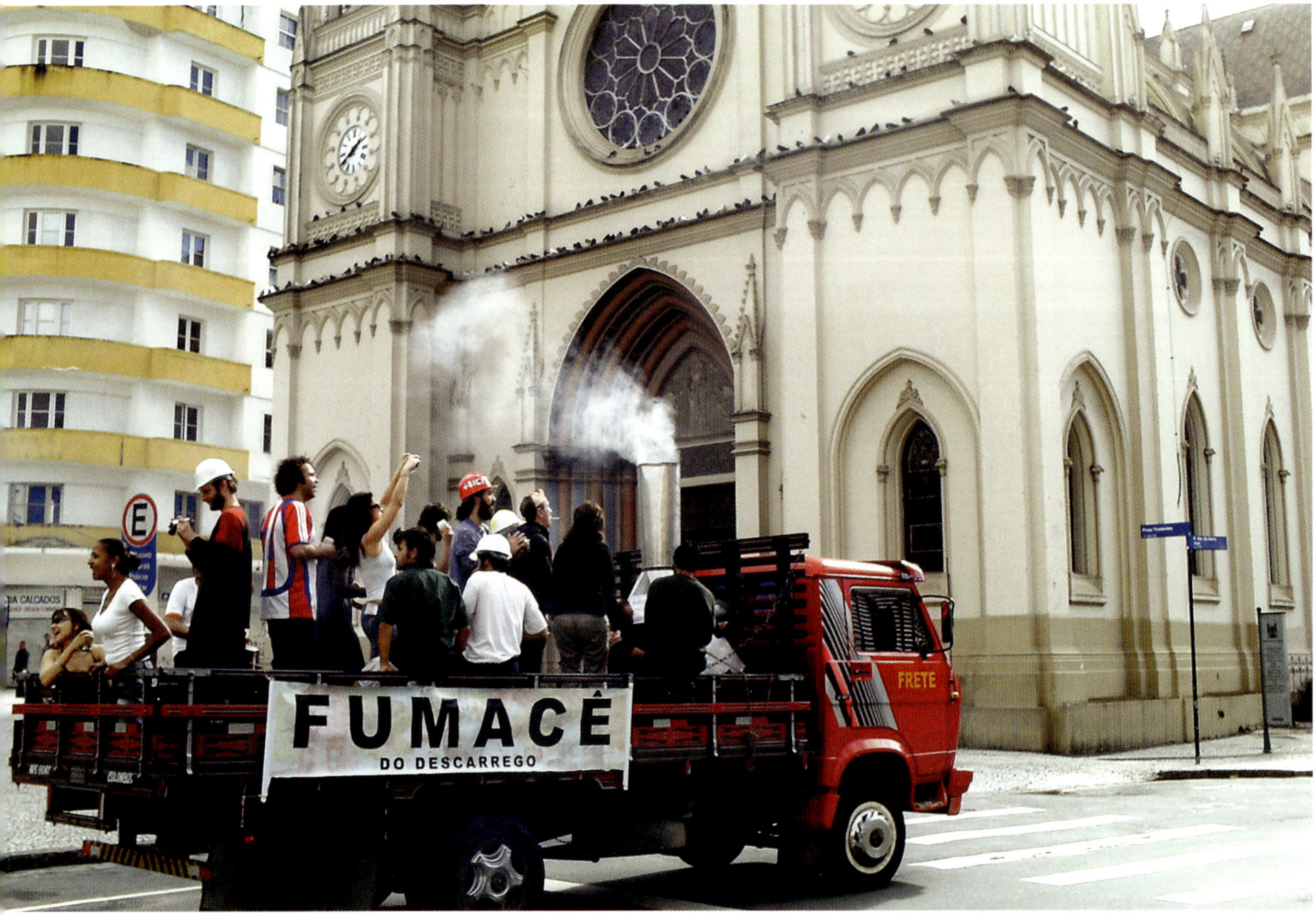

FUMACÊ
DO DESCARREGO
FRETE

Bem, Vogler e Ronald acenderam o defumador (queima na brasa): a chaminé fumegou suavemente e vimos a nuvem de fumaça saindo em direção ao céu azul da cidade.
*Well, Vogler and Ronald set fire to the charcoal and herbs (burning embers): the chimney smoked softly and we see this cloud coming out of it into the blue sky of the city.*

Ronald conversou com seu Reinaldo lembrando a ele de ir devagar com a carga viva. O Fumacê estava pronto para sair.
*Ronald talked to Mr. Reinaldo, reminding him to move slowly with the living load. Fumacê was ready to move.*

Era uma hora da tarde e como não tínhamos nenhum roteiro planejado anteriormente seguimos em frente. Devagarinho pela Praça Santos Andrade em direção à Feira das Pulgas no Largo da Ordem. As pessoas na rua foram simpáticas, acenaram para nós e nós acenamos de volta. Alguns moradores abriram as janelas nos edifícios, deixando a fumaça entrar ...
*It was one o'clock and as we had no route planned beforehand we went forward. Slowly through praça Santos Andrade, heading to the flea market at Largo da Ordem ... People on the streets were very sympathetic, waving at us and we would wave back. People living in the buildings opened their windows lotting tho omoko in ...*

Pessoas subiram na caçamba no meio do caminho. Inclusive uma que falou para mim: "Vocês tem que levar isso pra Almirante Tamandaré, que a coisa lá ta pesada ..."
*Some people stepped upon the truck joining the ride in the middle of the way. Including one that said to me: "You should take this to Almirante Tamandaré (a city next to Curitiba) as things are heavy there ..."*

Tem o lance da música, um batuquezinho, um sambinha, marchas de carnaval antigas, qualquer canção conhecida.
*There is also the thing with music, some small drums, little sambas, old carnival tunes, or any known song from memory.*

Circulamos (parando aqui e ali para ir fazer xixi ou comprar mais cerveja) cerca de cinco horas pelas principais ruas do centro da cidade e também por vias secundárias, zonas residenciais, pelo Centro Cívico com seus departamentos oficiais ... até o Alto da Glória, passando pela Praça Pirata (um terreno revitalizado pelas ações do grupo Interlux e Jardinagem Libertária) até a rua Professor Brandão onde oportunamente encontramos o Octávio Camargo e o Brandon LaBelle, em frente ao Beto Batata ...
*We moved (stopping here and there to pee or get more beer) for about five hours through the main streets in the city center and also secondary ways, residential zones, the Civic Center with its official departments ... up to Alto da Glória, passing through Praça Pirata (an abandoned area revitalized by the actions of the groups Interlux and Jardinagem Libertária) up to Professor Brandão Street, where we occasionally meet others, such as Octávio Camargo and Brandon LaBelle, in front of Beto Batata ...*

Poderia haver uma multa de trânsito, mas isso não ocorreu. Ao contrário; os policiais, no momento em que cruzamos a mesma rua, acenaram dando tchauzinho.
*There could happen that a transit fine would fall on us. But thank god we escaped it. On the contrary, the policemen that we passed on the way waved nicely a goodbye to the crew.*

Uma outra possibilidade para o Fumacê seria ser levado pela gaiota mesmo. Isso foi cogitado ...
*Another possibility for the Fumacê was to be carried by the carts of the paper collectors found throughout the city. This was taken as a possibility ...*

Uma chaminé construída de material reciclado pernoita na galeria de arte, invisível ao olhar dos visitantes, reconhecível somente através desta descrição. Nenhuma fotografia foi feita, nem tirada.
*A chimney built out of junk material stands one single night at the art gallery, invisible to the view of visitors, only recognizable through this description. No photographs were taken or snapshots.*

---

[1] *Fumacê* – lots of smoke, an African influenced neologism as in the words balancê, assuncê, vosmecê (maybe French).

*Descarrego* – originally the word comes from the ritual practices of afro-religions in Brazil, focused on relieving people from evil energies through the use of incense and smoke. This practice is also often found in Christian religions (smokers-defumadores-botafumeiro) as well as in the East.

Fumaca no Olho – youtube / Smoke in the Eye – youtube
http://www.youtube.com/watch?v=Rs5o7KcyefQ

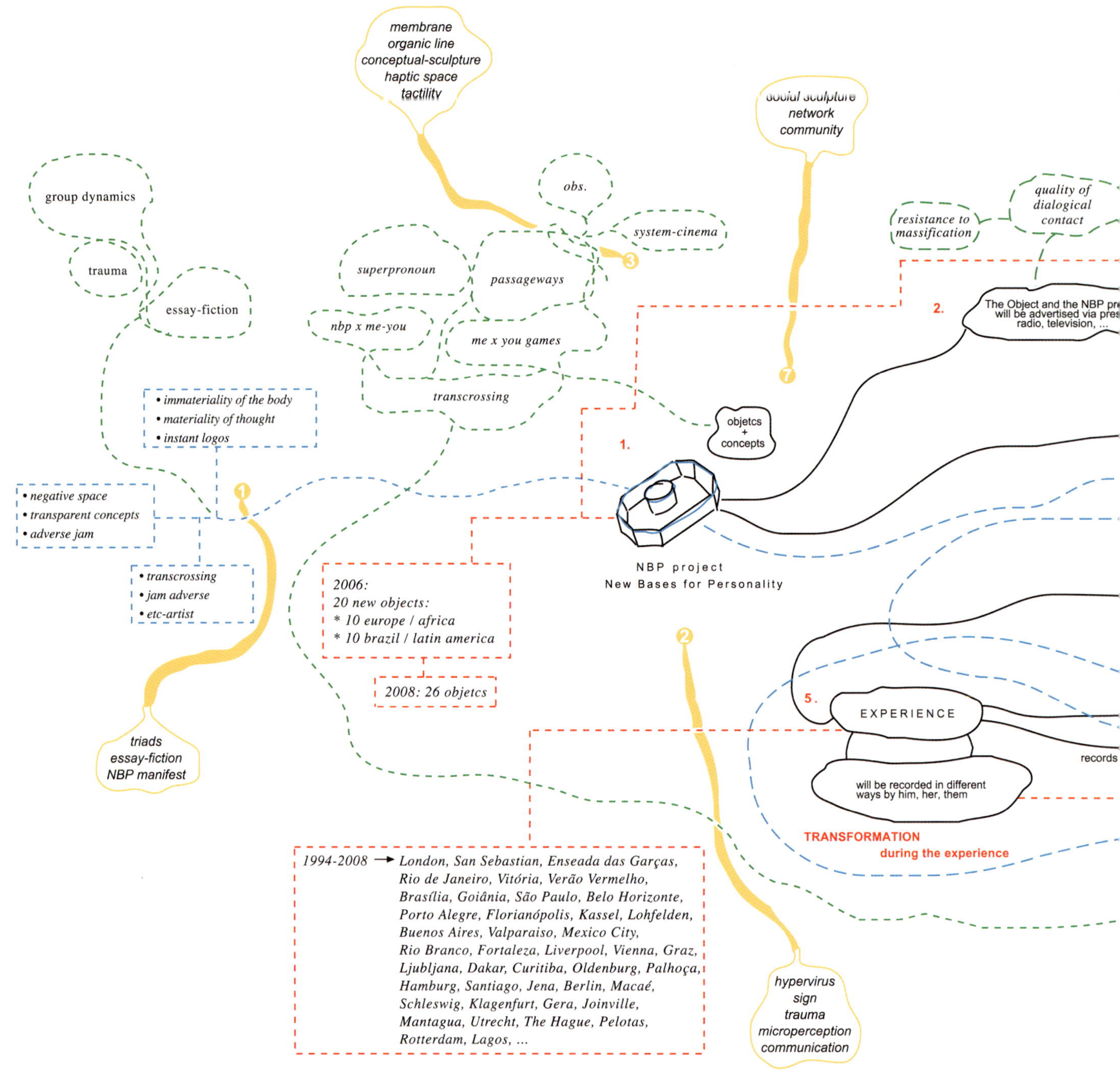


## RICARDO BASBAUM / Would you like to participate in an artistic experience?: critical novel, archive as membrane

The diagram refers to the on-going project "Would you like to participate in an artistic experience?": a specially shaped metal object is offered to participants (individuals, groups, collectives, institutions) who are invited to do what they want with it and to send the documentation to the website www.nbp.pro.br. Since the project started (in 1994), more than 100 experiences have been produced: the metal object is a vehicle which produces a sort of network of participants who, however, have never necessarily met each other. The connection is generated by the documentation which is produced: all the content fulfills the continuously-growing project's archive. Such archive – containing texts, photos, audio and video – is conceived as membrane, designed as an organic line that links all the participants in terms of mediating their contact. The archive as membrane is also a collective body of multiple voices and forms of action – all the documentation shapes an interconnected set of discursive and non-discursive documents which stands as a truly polyphonic and polyrhythmic body of records. It is interesting to consider a collective production as such as a critical novel, depicting the adventures of different characters who are always in the foreground: each new participant contributes to the conversation adding new voices to it, summoning dialogues, inflections, pauses, confrontations, conflicts, etc. One can imagine that a collective reader is required as well, as a network always offers space for many, and not for only one exclusive gaze – which is strictly refused. A diagram is conceived of as a surface which triggers thinking processes, narratives, histories, stories. In that sense, if you let yourself be captured by its lines and words you will be taken somewhere else – and when you are back, you won't be the same: such is the promise articulated by transformational processes.

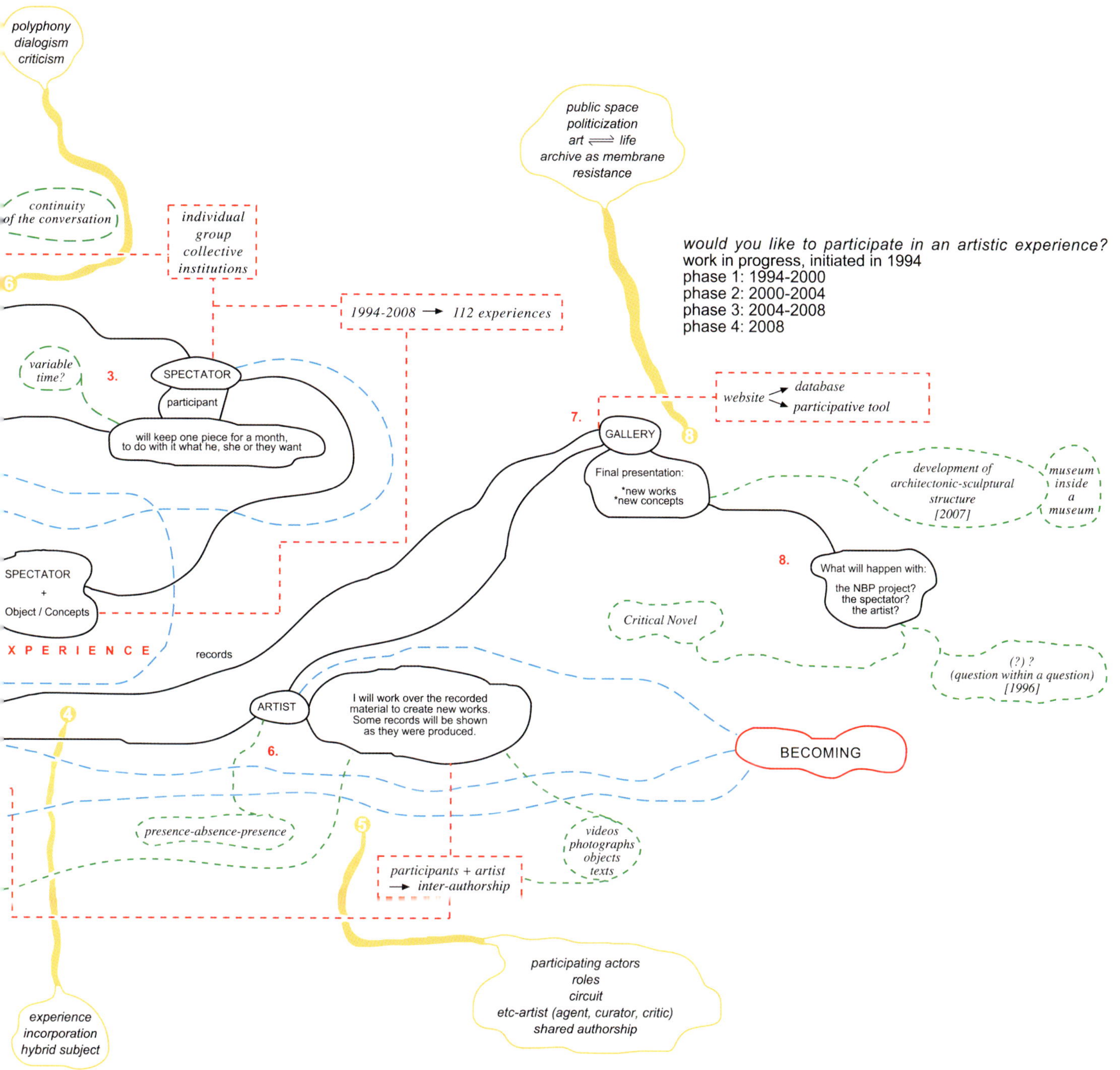


## Você gostaria de participar de uma experiência artística?: romance crítico, arquivo como membrana

O diagrama se refere ao projeto "Você gostaria de participar de uma experiência artística?", em desenvolvimento contínuo: um objeto de metal, em formato especial, é oferecido a participantes (indivíduos, grupos, coletivos, instituições), que são convidados a fazer com ele o que quiserem e enviar documentação para o website www.nbp.pro.br. Desde o início do projeto (1994), mais de 100 experiências já foram produzidas: o objeto de metal é um veículo que articula os participantes em rede, sem que, necessariamente, tenham que se encontrar. A conexão é gerada através da documentação produzida: todos os conteúdos alimentam o arquivo do projeto, em crescimento contínuo. Tal arquivo – contendo textos, fotos, áudio e vídeo – é concebido enquanto membrana, desenhado como linha orgânica que conecta todos os participantes a partir da mediação de seus contatos. O arquivo como membrana é também um corpo coletivo de múltiplas vozes e formas de ação – sua totalidade configura um conjunto de documentos discursivos e não-discursivos inter-relacionados, propondo, desse modo, um corpo de registros verdadeiramente polifônico e polirrítmico. É interessante considerar uma tal produção coletiva como romance crítico, representando as aventuras de diferentes personagens, sempre em primeiro plano: cada novo participante contribui com a conversa acrescentando novas vozes, somando diálogos, inflexões, pausas, confrontos, conflitos, etc. Seria preciso também imaginar um leitor coletivo, uma vez que uma rede sempre oferece espaço para muitos, e não para um único e exclusivo olhar – o qual é estritamente recusado. Um diagrama é concebido como superfície que deflagra processos de pensamento, narrativas, histórias, ficções. Nesse sentido, ao se deixar capturar por suas linhas e palavras você será conduzido para algum outro lugar – e quando voltar, não será o mesmo: tal é a promessa articulada nos processos transformacionais.

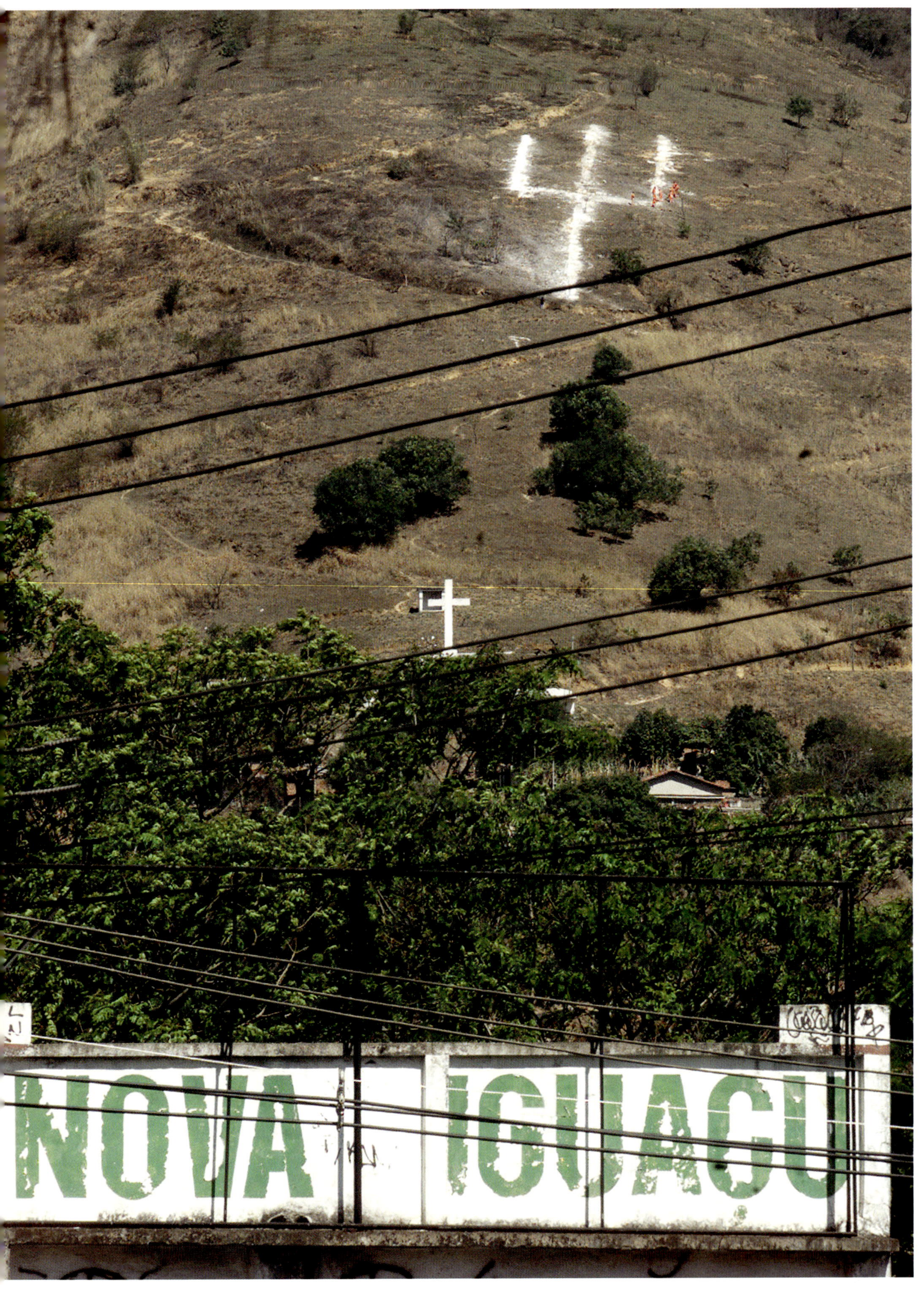

NOVA IGUACU

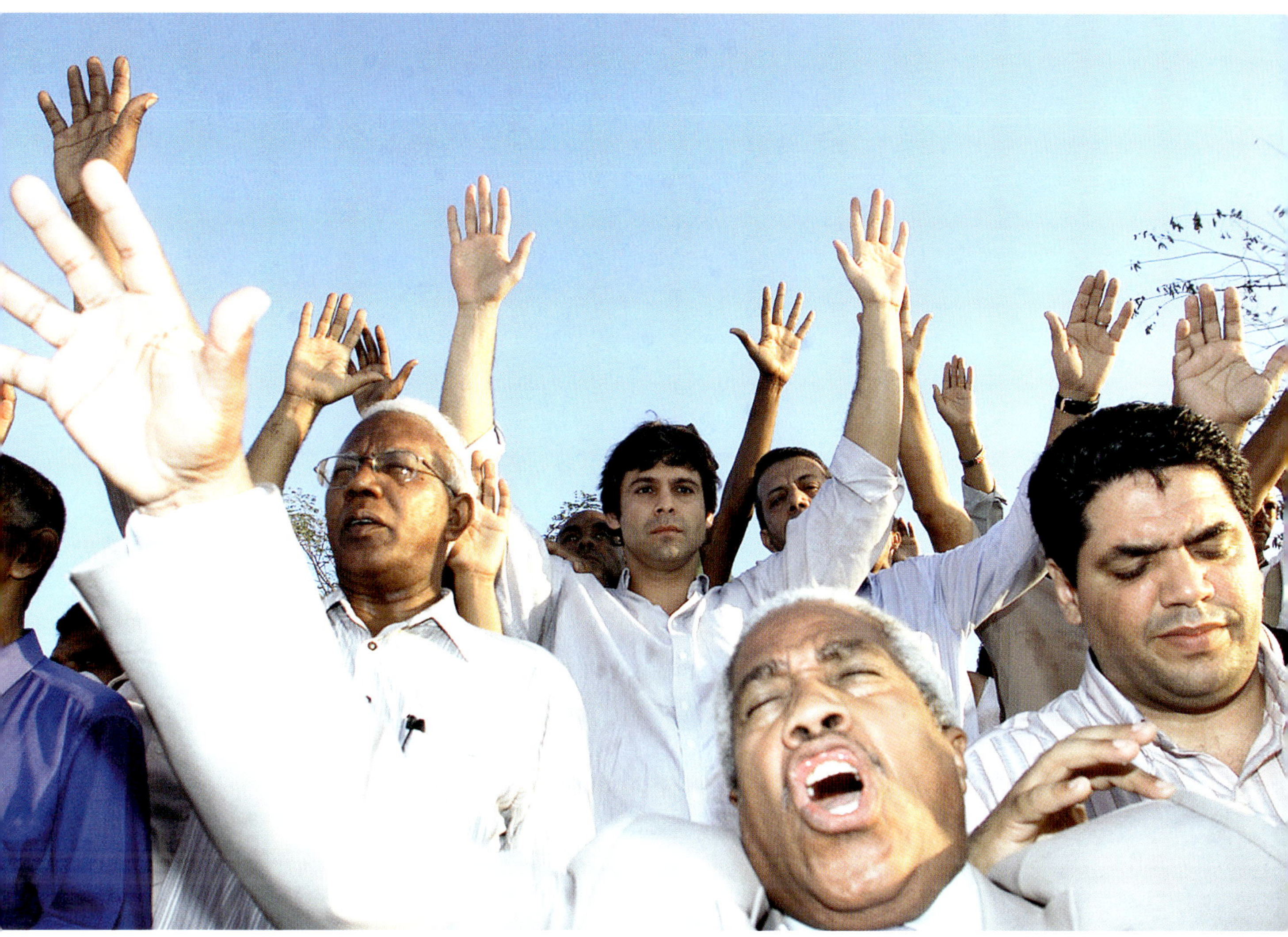



## COLETA DE FAÇANHAS COTIDIANAS: DEU É AMOR / GO(D) IS LOVE: THE COLLECTING OF QUOTIDIAN EXPLOITS[1]

Rubens Pileggi

*Faltando, se preenche*

Começa assim. Melhor, começa com. Começa pelo meio, já é.

É o olhar, melhor, é a percepção que vai sendo educada para tirar, cada vez mais e com mais sutileza, do cotidiano, aquilo que se torna raro, aquilo que se torna caro, e que, devolvido ao cotidiano, faz-se inaugurar uma brecha, uma fissura, encarnando uma infiltração com a qual, depois desse gesto, não se poderá voltar a ser o mesmo.

A queda de uma letra no meio de uma frase e pronto, aquilo ressignifica todo um discurso religioso, modifica toda uma possibilidade de apreensão dos fatos, desvelando algo que potencialmente estava inscrito lá, mas que ninguém tinha percebido ainda: Deu, é amor! Um S descolado de um letreiro de igreja, pendurado por um último parafuso que ainda resiste, mas in-utilizando a frase, tornando-a mais do que é, dobrando sua significação.

Images: (left) Alexandre Vogler, *Tridente de Nova Iguaçu*, 2006.
Lime-drawing on mountain at Morro do Cruzeiro, Nova Iguaçu. / Cal sobre encosta do Morro do Cruzeiro, Nova Iguaçu;
(above) Crowds protesting the work. / Multidões que protestavam contra a obra.

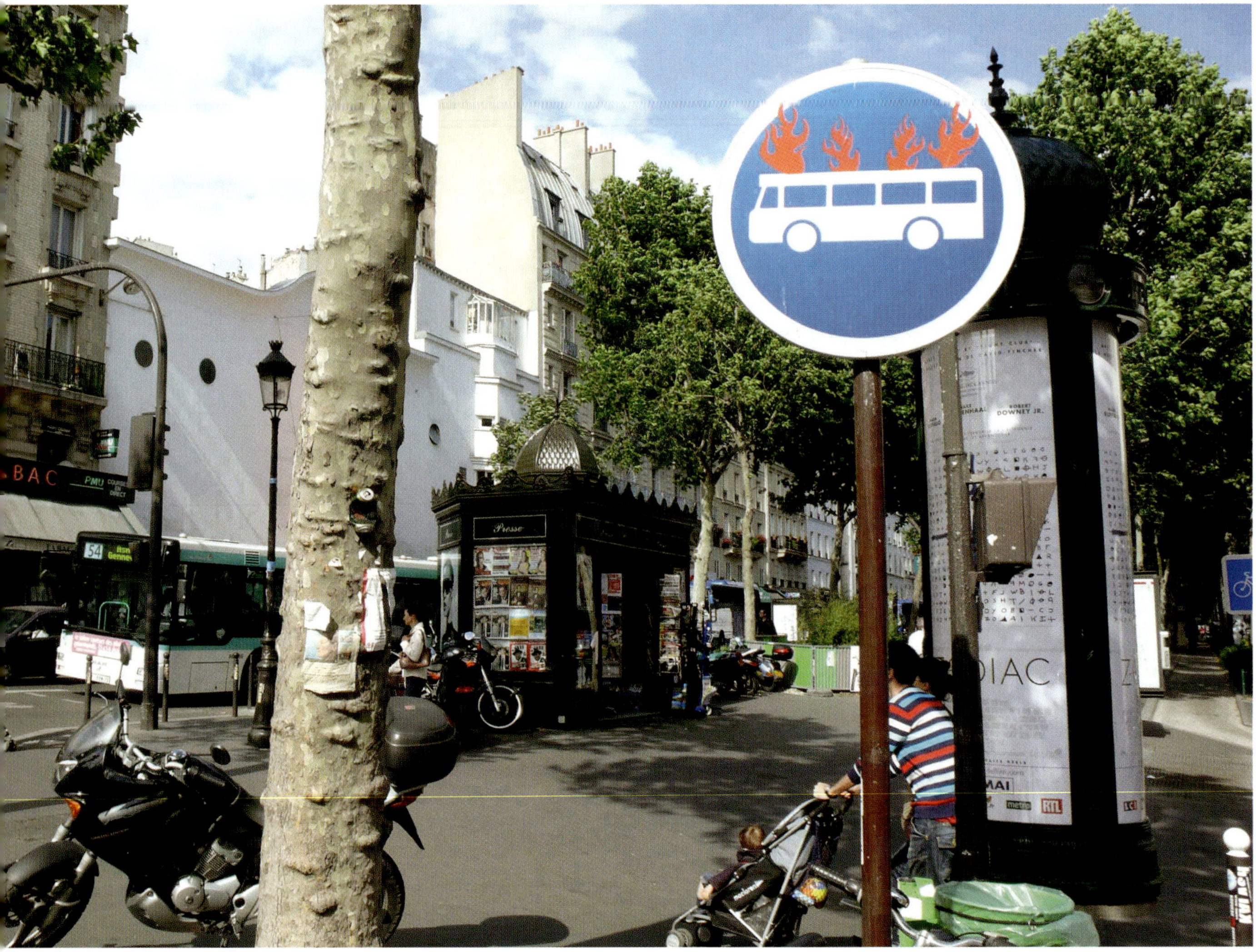

TCAS

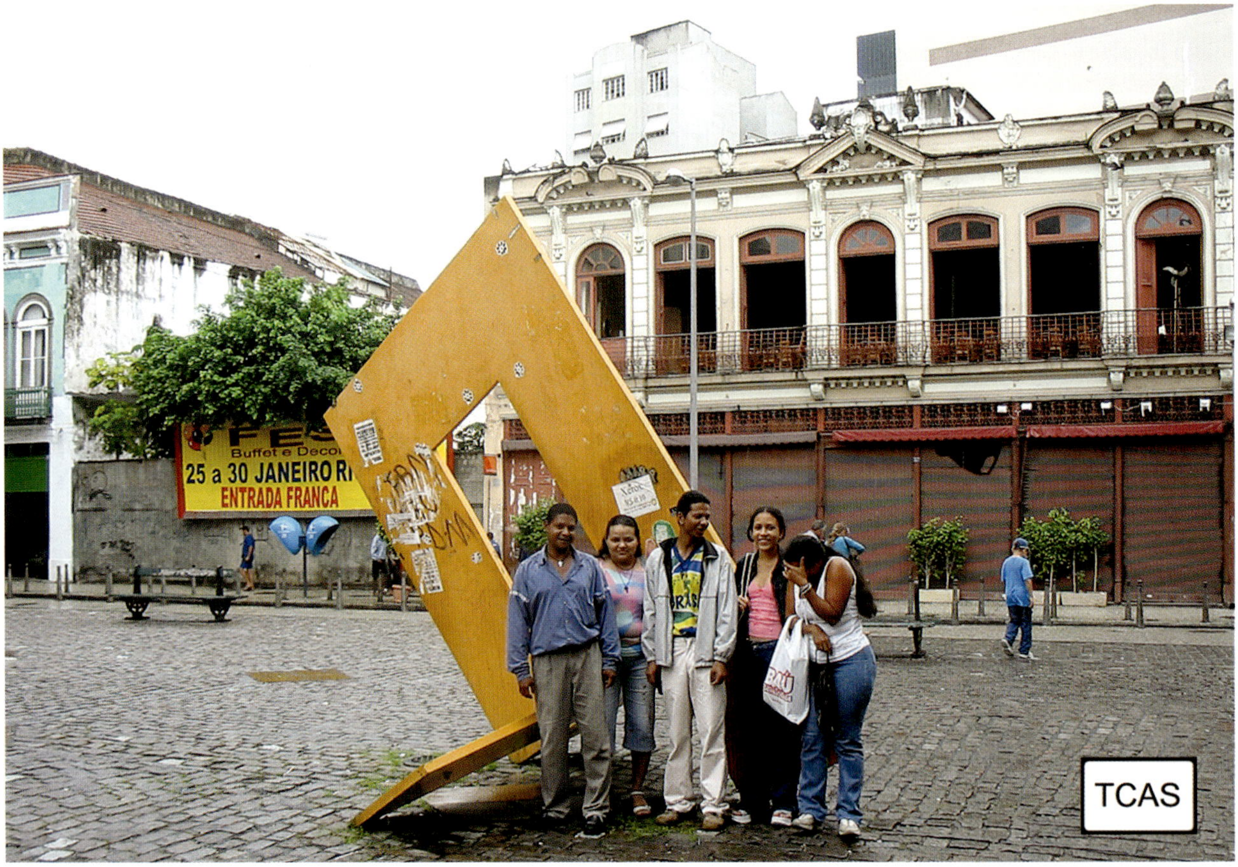

*No contexto do real*

Narrativas das façanhas cotidianas exigem contexto para que a idéia se multiplique em sensações, mesmo que nada se transforme em termos materiais, mesmo que nenhum objeto seja colocado no lugar, gritando por uma significação.

No centro de São Paulo, na rua São Bento, homens à paisana gritam "ótica, ótica, ótica". Repetem tanto a frase que a cacofonia é explícita. No conturbado cotidiano das ruas centrais de São Paulo impera o caos dos objetos sendo *vendidos no grito*, pessoas correndo, passando, camelôs, homens-sanduíches, enfim, no centro de uma cidade óti-caótica-ótica alguém usa uma informação redundante, como se aquilo fosse um *ponto cego de visão*.

Roubar do cotidiano que nos rouba – exigindo respostas concretas a um mundo de informações, mensagens, prestações de serviço e tudo aquilo que seria para melhorar a nossa vida, mas só nos põe em pânico, neuroticamente, como em uma fila de dominós caindo uns sobre os outros, se autoperpetuando em necessidades efêmeras, em planos de saúde, segurança, conforto, gastos, prioridades inventadas – é quase um milagre. E milagres é o que fazemos, quando, por exemplo, suspendemos nosso olhar objetivo e, com tanta objetividade quanto, compreendemos que a lixeira suspensa na calçada defronte as casas é o altar de oferendas do catador de lixo, atrás de seu precioso tesouro. É no tecido da realidade que tiramos nosso sustento, coletando e colecionando façanhas em nosso carrinho de textos, muitas vezes lixo para quem não sabe ver o valor extraordinário das coisas comuns.

Vivemos na maioria das vezes como maquininhas padronizadas em um sistema complexo que não abre brechas para a poesia. Aí está nosso alvo, então. De tanto ligar para a empresa de telefonia pedindo para suspenderem as ligações telefônicas durante a temporada que estaria

*Clues to be fulfilled. Adding by subtraction*

It starts like this. Better saying: it starts with, it starts in the middle, it already is.

It is the vision, or more precisely, the perception that educates itself to withdraw from daily life, from the common experience of existence, in a subtle way, what becomes rare, what may arise as a value, and then to be delivered back to the quotidian, inaugurating a path, a fission, and giving body to an infiltration within which, after this gesture, will never return to be the same.

A single letter falling from a church sign can be enough. It subverts a ready made sentence, gives it another mood, offers a new possibility of understanding the facts and unveils something that existed there only as a sleeping possibility, in that very phrase, but that no one had ever noticed before: Go is Love! A "d" that fell from the lettering and still balances on its last resisting screw, completely subverting the sentence, making it more than it is, doubling its meaning.

*Within the context of reality*

Narratives of daily exploits require a context within which the idea is multiplied in sensation, even if nothing changes in material terms, even if no object is put in its place, yearning for recognition, posing as a possibility of meaning. Downtown in São Paulo, at Rua São Bento, wandering men shout repeatedly the word "ótica, ótica, ótica" ("optics" is the common call used by street sellers of sun glasses and frames). They repeat so much the phrase that a double meaning comes to the foreground, that of chaos (chaotic). In the troubled everyday life of the central streets of the city, the chaos of the objects being sold through shouting, people running, dealers passing, sandwich men standing outdoors, in the center of a city óti-

Images: (top) Guga Ferraz, *Ônibus Incendiado / Burnt Bus*, 2003.
(bottom) Giordani Maia, *Estratégias Para Responder à Situações Urbanas Complexas / Complex Urban Situations*, 2005.
Realizado no centro da cidade do Rio de Janeiro como parte do TCAS (Tentativas de Construção e Aplicação de Sistemas). /
The action took place in the center of Rio de Janeiro as part of TCAS (Attempts to Construct and Apply Systems).

viajando para fora do país, Edson Barrus começou a gravar as conversas com as atendentes da empresa, que sempre pediam para que ele ligasse "daqui uma hora" e isso foi ficando cada vez mais longo e constrangedor e é irresistível, menos do que ficar indignado, ficar com vergonha de algo que a gente não sabe bem o por quê. Não foi o gesto do artista que proporcionou um trabalho criativo, mas a ação do cidadão, revelando uma situação limite que foi parar na internet acessível a quem quiser ver aquilo que ele faz, misturando arte e vida.

*A síntese da análise*

Em nossa época, o conceito de temporalidade é assumido como característica da obra e do processo de arte. Isso quer dizer que partes diferentes de um mesmo conjunto podem ou não formar um só corpo e ser chamado de obra, modificando a relação entre a percepção analítica e sintética. Contar uma história sobre uma pesquisa em processo, sem chegar a resultado nenhum pode ser tão "artístico" quanto uma escultura em bronze exposta no museu. Muitas vezes, o receptor, o "antigo" público, o espectador que agora passa à categoria de participador é quem deve ser mais criativo até, do que o próprio artista, criador de charadas.

Mas a linha clara, que aceita o trabalho de arte como um objeto de design, quase como uma peça de propaganda, também é merecedora, ainda, de nossa inteligência sensível. Aquela sacada direta, que vai no ponto onde é preciso ser tocado. O chute de primeira, do sem pulo que faz a massa levantar na vibração do gol. Não é essa a impressão que dá a arte quando parece que tudo deveria ter sido da forma como foi feito, nem mais nem menos?

Paradoxal? Pode ser. Mas se estamos falando de arte, esperamos sempre uma virada de significado que nos prenda a respiração, que nos faça extasiar e depois nos coloque de volta ao pla-

caótica-ótica, someone brings to the ear diverse and surprising information, as if it were a blind spot for vision.

"To steal from life that steals us" – requesting concrete answers to a world of information, messages, services and equipment that should only be destined to make things easier, and suddenly we are driven into panic, cast in despair, neurotically, as in a row of dominos falling one over the other, perpetuating ephemeral necessities, in health plans, security policies, comfort, expenses, invented priorities – it is almost a miracle.

We are living most of the time as patterned machines in a complex system that doesn't open itself up for poetry. That is our goal then! After calling so many times the telephone company to request the suspension of the service for the time he would spend traveling out of the country, Edson Barrus decided to document his telephone talks with the company operator, who would repeatedly ask him to call back one hour later. This became more anguishing and irresistible, as it is useless to be angry or ashamed of something we cannot fathom. It wasn't the gesture of the artist that gave birth to a creative work, but that of the citizen, revealing a limit situation that came to be on the web, at reach to whoever wants to see what he does, mixing life and art:
*http://br.youtube.com/watch?v=ae1kX8LR2E4&feature= channel_page*

*The synthesis of the analysis*

In our times the concept of temporality is assumed as characteristic of work and the process of art. It means that different parts of the same unit can form, or not, one single body and be called a work, changing a relation between analytic and synthetic perception. To describe a research in process without reaching any objective re-

disso. Conhecer o contexto e produzir a partir da realidade dada é a fonte criativa que temos encontrado para responder questões que, muitas vezes, antes de formulá-las, sentimos e precisamos expressá-las.

Há outras possibilidades de criar tensão mesmo estando em uma situação institucional onde se espera ver "arte". O trabalho em que o Ducha paga um homem para tatuar na cabeça o símbolo de um banco e ir à vernissage pela qual foi convidado a participar como artista, exibindo-o como trabalho seu, na galeria de arte deste mesmo banco, causou um sério desconforto nos patrocinadores e mecenas da arte, que preferem a arte domesticada, pendurada na parede, do que o uso, no limite da ética, de alguém como cobaia.

*Arte até quando não se espera encontrá-la*
Quando falamos em narrativas, estamos nos remetendo a isso mesmo, a uma literatura, ou melhor, a uma "contação" de histórias. Toda arte – mesmo um quadro modernista – está envolta em uma narrativa de histórias. De façanhas mais ou menos heróicas. E a arte que prende, fascina, retira, mesmo que por um instante, o espectador de seu confortável lugar analítico e racional, suspendendo sua respiração, esta se torna épica.

Nesse caso, falamos em épica, aqui, no sentido de atravessar o mar, quer dizer, de passar de um lugar a outro, de um mundo a outro, refazendo o ciclo constante de vida e morte através de superações. Ao mesmo tempo em que sabemos que não há autonomia do objeto artístico, sempre ansiamos, nesses casos, para que as relações entre narrativas – texto e contexto – atrapalhem o menos possível aquilo que possa tocar nossas sensações. Vale dizer, ansiamos pela imagem, pelo que nos toca de imediato sem a interferência da racionalidade. E antes do juízo crítico.

an avant-garde sense. An avant-garde that does not request this naming anymore. Indeed what we are trying to do is to answer, to punctuate, and many times, to stand before the facts, in the urgency of the very moment when it breaks onto the scene, with speed and fury. Romanticism? As much as Iracema [the title of José de Alencar's classic Brazilian romance] resounds in the word America, as an anagram.

When Guga Ferraz glued tape in the form of flames upon the signs indicating bus stops, it was a powerful act. Rio de Janeiro was living a bizarre situation; each day buses were burned by people in the streets. Amplifying a common data, Guga created a reverberation through this action, marking his work with a political relation. His "Bush" printed on a rug, a floor mat, during the climax of the Iraq invasion, is another example. To know the context and to produce from given reality is the creative source that we have found by which to answer questions, that many times, before being formulated, we feel and need to express.

There are other possibilities for creating tension even when inserted within an institutional situation where people expect to see "art." The work of Ducha, as an example, took shape by allocating the budget available for the material execution of the work for a man to tattoo the logo of the sponsoring bank onto the back of his head and to appear at the opening of the exhibition. By exhibiting this tattoo as his work in the art gallery of the bank that sponsored the event, the artist caused a serious embarrassment for the art curators and sponsors, who anticipated a more domesticated form of art, something that can be exhibited on the walls, than a questioning of the boundaries of ethics, as in the case of taking someone as a guinea pig.

Ainda mais quando a relação é direta com o público, sem a intermediação de uma galeria ou de instituições artísticas, lugares onde, de fato, se espera encontrar ARTE e então nos decepcionamos, muitas vezes. Do outro modo, quando a relação entre arte e vida se dá dentro do cotidiano das pessoas que nem sabem o que é ou não é arte, isso tem um outro tipo de potência. É aí que se verifica a *prova dos nove*, pois diferentemente do jornalismo – e, ainda que se questione se a arte deve comunicar, também – a arte se qualifica por sua natureza não funcional e, menos ainda, como instrumento de poder. Como um gás extremamente volátil, ela sempre acaba encontrando vão e brechas para circular além da ordem racional imposta.

Não é uma questão de "artistizar" a vida, conferindo-lhe uma artificialidade estranha, em nome de um estilo ou de uma forma pré-concebida. O grau de eficácia de uma ação nem sempre é o reconhecimento por parte da mídia de um novo herói das artes visuais. Isso quase nunca acontece. Nem mesmo o impacto de uma ação, causando polêmica, uma vez que a polêmica pela polêmica não leva a lugar algum.

É possível que ninguém fique sabendo daquela atitude de colocar as mudas de frutas na rua, que você teve o cuidado de plantá-las. Ou quando você urinou em um trecho da avenida e chamou aquilo de escultura, determinando um território de ocupação. Ou participar de uma bicicletada. Inventar um "dia do nada" e chamar outras pessoas para participarem. Mostrar a bunda para a polícia. Ser artista, ser ativista. Estar no limite entre a arte e a traquinagem. Mas ninguém vai lhe roubar o fato de ter se atrevido a mudar a forma de ver as coisas por ângulos que transgridem a funcionalidade esperada e padronizada imposta pelos dirigismos do estado ou do mercado. Saltar e assaltar o cotidiano com a arma da poesia, com o milagre de encontrar em um jogo de palavras algo que está além do mero trocadilho barato, mas que, nem por isso

*Art when we do not even expect to find it*
When we speak about narratives, we are talking exactly about this, a literature, or better said, a story telling. All art, even a modernist painting, is involved in a narrative of stories, of more or less heroic deeds and exploits. And the art that captures attention, fascinates, withdraws, even for a little moment, the spectator from his comfortable analytical and rational position, suspending his breath, becomes epic.

Epic here should be taken in the sense of crossing the sea, of passing from one place to another, from one world to another, redoing the constant cycle of death – rebirth through surpassing.

At the same time we know that there does not exist the autonomy of the artistic object. We always expect in these cases that the relations between the narratives – text and context – do not disturb what can touch our sensation. It is worth saying, we are eager for the image, for something that reaches us without the interference of rationality and before any critical judgment.

It is more evident when the relation is directly with the public, without the intermediate gallery or art institution. Places where in fact we expect to find ART, and then we feel deceived, many times. In the other way, when the relation between art and life happens inside the quotidian experiences of people that do not even know what is or what is not art, this has another type of potency. That is the place where one sees the final proof, because in a different way than journalism – and even if we question whether art should communicate or not – art qualifies itself by its non-functional nature, and more than that, as an instrument of power. As an extremely volatile gas. It always finds openings and void places to circulate beyond the imposed rational order.

deixa de satisfazer ao mero trocadilho barato, ainda que seja com responsabilidade sobre aquilo que é feito.

*Obra Ob(r)a*
Ninguém reivindica, nessas alturas do campeonato, novas formas, até porque isso iria contrariar a própria idéia de ação que estamos propondo. Oiticica já se apropriava de eventos acontecendo na rua, chamando isso de "estado de arte", como nos conta em "Aspiro ao Grande Labirinto", em um texto escrito em 1966. Diz que entra em uma apresentação de uma banda, na rua, em um coreto e aquilo se torna arte, parte de seus propósitos de parangolé e arte ambiental.

Chegamos a um ponto, então, que tudo pode ser declarado com o nome de Arte. E se tudo é arte, então para que pensar sobre a arte ou sobre qualquer coisa? O fato é que o movimento e a mudança não deixam o processo se tornar estanque. Há leis interiores se refazendo constantemente. E, além disso, o artista plástico, artista visual, enfim, o artista trabalha – ainda que seja o pensamento e que o pensamento tenha a propriedade de criar conceitos – a matéria. E sendo o planeta todo feito de matéria, necessitamos compreender sobre aquilo que estamos fazendo. Olho pela janela do quarto onde escrevo estas linhas e, antes que meu olho tome a paisagem, vejo no anteparo de madeira do basculante da janela um adesivo onde está escrito: "atenção: percepção requer envolvimento". Somos livres para fazer o que quisermos, desde que estejamos comprometidos com o que queremos.

*Um pequeno grande mo(nu)mento*
Nesse sentido, o que está em jogo é a veiculação das possibilidades de circulação daquilo que

It is not a question of making life "artistic," projecting a strange artificiality upon it, in the name of a style or previously conceptualized form. The degree of efficiency of an action isn't sustained through the recognition by the media of a new hero of the visual arts. This almost never happens. Not even the impact of an action, causing polemics. This is an irritating ingenuity. It is possible that no one gets to know about that attitude of putting seedlings of trees in the streets, that you cared yourself to plant them. Or when you pissed somewhere in the avenue and called it a sculpture, making it a territory of occupation, or to participate in a *bicicletada* [pro-bicycle movement in Brazil that organizes bicycle journeys throughout the country], to invent a "Nothing Day" and call other people to join. To show your ass to the police. To be an artist, to be an activist. To be in the limits of art and mischief. But nobody will subtract from you the ability of being audacious and to change the way of seeing things through angles that transgress the expected patternized functionality imposed by the directives of the state or of the market. To jump and assault the quotidian with the gun of poetry, with the miracle of finding in a pun something that is beyond common sense, but that at the same time is taken as such and satisfies common sense, happening alongside with the responsibility upon what has been done.

*Work wo(r)k*
No one claims, in this part of the game, new forms, even because it would be contrary to the very idea we are proposing. At the time of Oiticica, he would already appropriate from the events that happened on the streets, calling this a "state of art" as he tells us in the "Aspiro ao Grande Labirinto," a text written in 1966. He says that he goes to a performance of a band, on the street, over a small stage,

63

o artista realiza, seja em que domínio for, uma vez que sua arte não está restrita a técnicas, suportes ou meios. Podemos fazer dela uma proposição para ser veiculada tanto na internet, quanto para outros meios de comunicação, como o rádio, o jornal, a tv ou o espaço urbano ou rural. Tanto para um quadro na parede quanto uma escultura de objetos reciclados ou um sopro. Não há fronteiras.

O que se coloca, assim, é que a realização dessa arte de atitudes, de ativismo ou do nome que se queira dar a ela – relacional, colaborativa, vivencial, crítica, de ação, etc. – convoca cada pessoa para subverter o cotidiano, a preencher o que é do comum com outra relação que não esteja somente vinculada à aridez racional dos lugares. Ao invés da construção de monumentos, o bater em retirada, o golpe enviesado, a busca pela diagonalidade, pelo atravessamento. Um agir e se esconder, deixando apenas resíduos como vestígios do acontecimento. Onde foi? Quem foi? Agora, já passou!

Pensar a experiência da arte como uma brincadeira espontânea de criança. Ao mesmo tempo, como um guerrilheiro que se move ladino no terreno a ser conquistado. Ser afirmativo e não negar o real. Fazer da falha, do erro e da precariedade motor propulsor de linguagem poética. Devemos ser éticos, a lei que nos siga. Legítimos, não legais, exatamente.

*Canibalismo*
Quando Ronald Duarte instalou o "Funk Proibidão da Coroa" no Museu Imperial, fazendo uma analogia entre palavras e imagens com contextos conflitantes, como o Morro da Coroa – favela conhecida pelo tráfico, no Rio de Janeiro – e o quarto da princesa, filha do Imperador, o dispositivo que foi acionado não era mais o do antropófago que devora simbolicamente a força do ini-

and this becomes art. A part of his intention with the *parangoles* and environmental art.

So we reach an instance where everything may be called by the name Art. And if all is art, why to think about it or about anything at all? The fact is that movement and change do not let the process become stagnated. There are inner laws being remade all the time. And beyond, the visual artist, or the conceptual artist, and at last, the artist that works – even if it is the thought, and thought has the property of creating concepts – the matter. And since the whole planet is made of matter, we need to understand what we are doing. I look through the window of the room where I write these lines and before my eyes reach the landscape, I see on the wooden shield of the bascule a tape where it is written: "Attention: perception requires commitment." We are free to do whatever we want once we establish rapport with the matter at hand.

*A small big mo(nu)ment*
In this aspect, what is in question is the information about the possibilities of circulation of what the artist makes, in whichever field it is, once his art is not restricted to the techniques employed, base or means. We can make it a proposition to be accessed through the internet, or through other vehicles such as the radio, newspaper, television, or the urban and rural spaces. As well as a painting on the wall or even a sculpture of recycled objects or a breath. There are no frontiers.

What is put in this way is that the execution of this art of attitudes, or activism or whichever name one wants to give it – relational, collaborative, existential, critical, of action, etc. – requests each person to subvert the quotidian, to fulfill what is common with another relation that isn't exclusively connected to the rational strictness of place. Instead of building monuments, the removal or

migo. Nem ao menos cabe o estruturalismo do pensamento selvagem para que o guerreiro adversário ganhasse tal apego à vida, que tivesse medo de morrer. Nada disso, trata-se agora de ataque explícito contra o colonizador. De devoração pela fome, sem rituais. Comer a galinha dos ovos de ouro no almoço sem saber se vai ter ou não a janta. Não somos dignos de esperanças futuras, não fomos merecedores das glórias conquistadas no passado, só temos nossos dentes afiados para arrancar os pedaços da carne saborosa e macia da contemporaneidade.

O trabalho do Ronald, desse modo, é um respeitável exemplar de ato canibal puro e simples (se é que podemos falar em pureza e simplicidade) que responde aos discursos da multiculturalidade abocanhando o turista etnográfico desavisado, perdido na floresta de signos com sua lente de aumento para a leitura do exotismo tropical tupiniquim. O que o "Proibidão da Coroa" faz é devolver, em um golpe seco e direto, a violência da exclusão construída secularmente neste país.

Vivemos na era dos rizomas, das redes, do fim das noções de fronteiras culturais e da crise da idéia de centro e periferia, mas, por outro lado, somos obrigados a conviver, ao mesmo tempo, com a estratificação da produção e a posse da mercadoria nos moldes impostos pelo "império"; obrigados a conviver com a manutenção dos monopólios, com os latifúndios monoculturistas, os lobbies dos bancos e montadoras de veículos que estão, como nunca, mantendo de forma cada vez mais explícita seus privilégios diante da chamada crise financeira, usando, para isso, o dinheiro do Estado. Bolsões de miséria se multiplicam e, ainda, justificado por discursos onde se usa esta mesma miséria para a manutenção dos mesmos poderes que se querem perpetuados no poder, seja pelo paternalismo estatal, seja pela possibilidade de se tornar um consumidor de eletrônicos "made in China" do mercado globalizado.

withdrawal, the counter-stroke, the search of a diagonal for traversing. A form of acting and hiding, leaving only vestiges or residues of the happening. Who was it? Where was it? Now, it is gone! To think the experience of art as spontaneous children's play. As the same way as a guerrilla warrior that moves smoothly in the field he wants to conquer. To be affirmative and not to deny reality. To make of the mistake, the error or precariousness a propulsion engine for a new poetical language. We should be ethical. The law should follow us. Legitimate instead of legal.

*Cannibalism*
When Ronald Duarte brought the "Funk Proibidão da Coroa" ("Funk Prohibited of the Crown") to the Imperial Museum in Petrópolis, he produced an analogy between the words and the images of conflicting environments, such as the "Morro da Coroa," a renowned spot for the drug traffic in Rio de Janeiro, and the residence of the Princess, daughter of the Emperor. The device that was activated was not the one of the anthropophagite that symbolically feeds on the power of the enemy. ["Antropofagism" is a concept created by Mario de Andrade in his book *Macunaíma*. Andrade was an important thinker of Brazilian society, and antropophagism functions as a metaphor for the need for nourishment from the colonial power, or the process of assimilating the colonizer's body through "eating".]

It isn't in resonance with the structuralism of the savage's thought that the enemy would have such praise for life in order to fear death. It is nothing like this. It is an explicit movement of attack towards the colonizer. Devouring through a death without rituals. To eat golden chicken eggs for lunch without knowing if there will be anything left for supper. We are not worth future hopes.

Nossa única resposta vem da reação do corpo. E um corpo violentado só pode responder com violência e urgência. Matando por um par de tênis. Insistentemente pedindo qualquer coisa nas ruas. Entupindo os bons modos burgueses. Metendo medo na classe media. O canibal tem fome. Come o S de Deus, mata o homem, destrói a natureza na linguagem.

*Coeficiente de arte e negociação*

Quando Duchamp fala do "coeficiente de arte" para medir se uma arte tem qualidades que lhe valham permanecer ou não na história, por que é que devemos crer que uma arte de coeficiente mais "alto" que outra deva ser mais importante que esta? Lembremos: o fator qualidade também é um critério de exclusão.

Giordani Maia, com trabalhos que envolvem jogos e trocas com o público é um dos que apostam no abaixamento desse coeficiente. Assim, pode estar mais próximo aos comuns dos mortais, falando de igual para igual e, ao mesmo tempo, negociando relações de identidade e circuitos, onde o que é colocado em relevo sempre passa pela ordem do distanciamento crítico. Para Giordani, a definição, a priori, entre o que sou eu e o que é o outro, ou melhor, o que é do outro, é sempre uma relação construída culturalmente e é preciso compreender de onde vem a fala que nomeia o que é o que nesse tipo de relação. Um de seus trabalhos transforma as esculturas do escultor modernista e formalista Franz Weismann em cartões postais da cidade do Rio de Janeiro, com pessoas que o artista aborda na rua e depois lhes manda a foto tirada diante da escultura. Com perguntas do tipo "o que é arte para você", recria aquela situação de uma arte realizada para ser vista no "cubo branco", mas que se torna "pública" porque "instalada" nas ruas da cidade.

We do not deserve the conquered glories of the past rather we have only our sharpened teeth to slice the pieces of the soft and tasty meat of the present.

The work of Ronald is a respectful example of a pure and simple cannibal act (if we can speak of purity and simplicity in this case) that responds to the discourse of multiculturalism, swallowing the ill-advised ethnographic tourist lost in a forest of signs with his telescope lens for reading the subtropical exoticism of the *tupiniquins*. [A metaphor drawn from Paulo Leminski's *Catatau*, in which Rene Descartes is described as going mad in the Brazilian forest of the 17th century.] What the "Proibidão da Coroa" produces is to bring back, with a dry and direct blow, the violence of the exclusion that was built throughout the centuries within Brazil.

We live in an era of rhizomes, of networks, of the end of the notions of center and periphery. But on the other hand, we are obliged to live at the same time within the stratification of production and the acquisition of commodities in the terms imposed by the "empire."

We are forced to cohabit with the maintenance of the monopoly, with the monoculture of the landowners, the cartels of the banks and of the automotive factories, which are, as never before, openly retaining their privileges before the so-called "economical crises" and using for this the money of the state and of public institutions. Concentration of misery is enlarging, and worst of all, it is being justified by arguments and discourses where the same misery is used to maintain the same powers that seek to perpetuate themselves, be it through state protectionism, be it through the possibility of becoming a consumer of electronics "made in China" in a global market.

Our unique answer comes from the reaction of the body, and a violated body can only react with violence

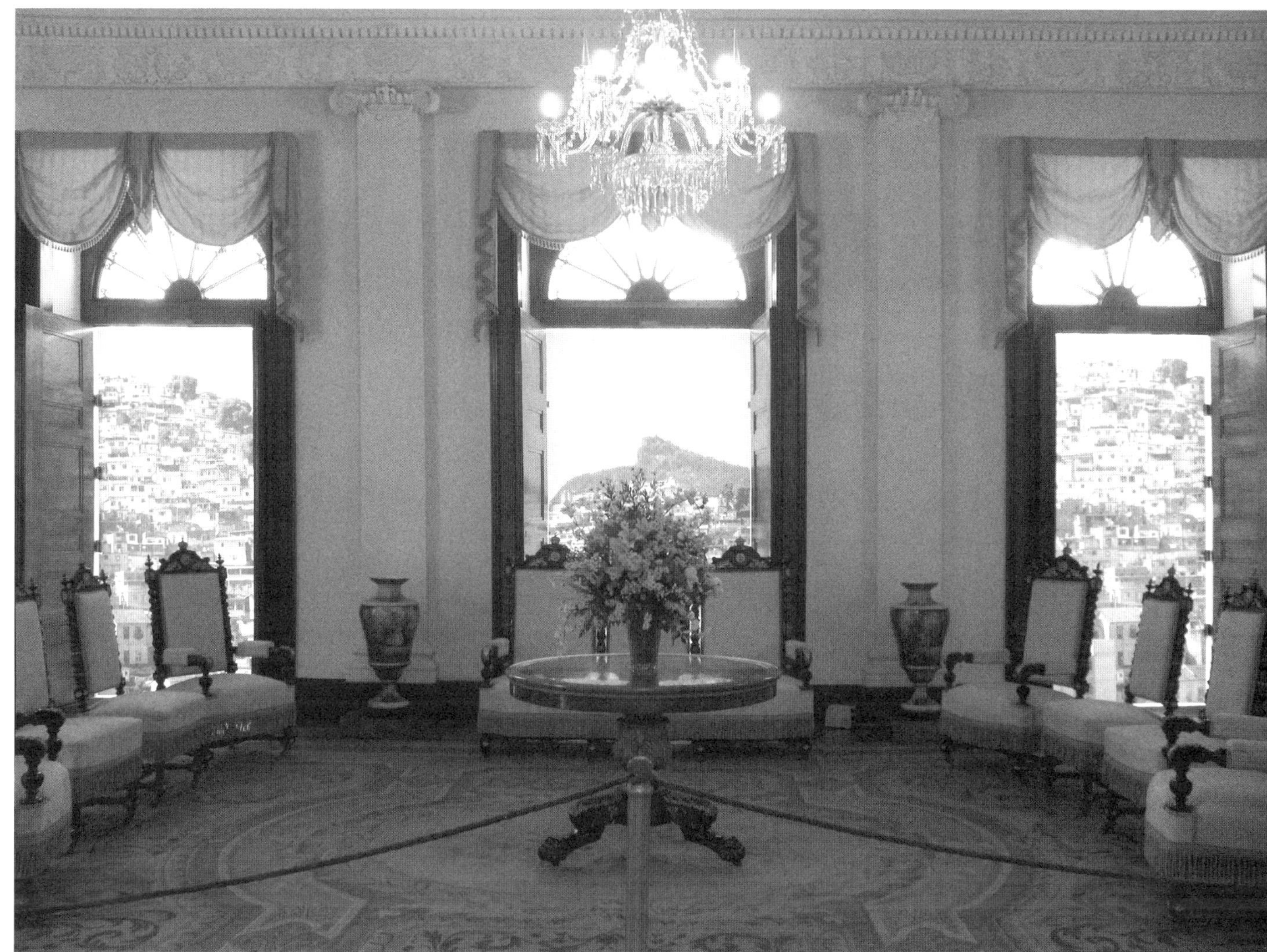

and urgency. Killing for a pair of shoes, begging insistently for charity on the streets. Suffocating the good manners of the bourgeoisie, inflicting fear in the middle class. The cannibal is hungry. He eats the "d" of the word God, fills the man, destroys the nature of language.

*Coefficient of art and negotiation*
When Duchamp speaks of the "coefficient of art" to measure if a work has the qualities that make it eligible to enter history or not, why should we admit that an art that has a higher rating on this scale would be more important than another? We should remember that a "quality label" is also criteria for exclusion.

Giordani Maia, with works that involve the public in games and exchanges, believes in lessening this coefficient, this criteria, and to approximate to more simple and direct relations, speaking as equal to equal, and at the same time, negotiating the relation of identity and circuits, where what is brought into sight always passes through the order of a critical distance. For Giordani the definition, a priori, between what I am and what the other is, or better said, what is of the other, is always a relation developed culturally, making it necessary to understand where the voice that nominates this relation, saying what is what, comes from.

One of his works transforms the sculptures found in Rio de Janeiro of the formalist and modernist artist Franz Weissman into postcards that he produces with people that he meets on the streets, and afterwards sending them the photos taken in front of the sculptures. He raises questions such as: "What is art for you?" He recreates the situation of art made to be seen in a "white cube" but becomes "public" only by being "installed" or located on the streets of the city.

67

*Tirar da arte, a arte*

Tirar a arte da arte para torná-la domínio do comum, abrindo-a para linhas de fuga onde o corpo da ação funde-se com o corpo do texto, não rouba a mágica do entretenimento e nem a razão da representação. Em última instância, tudo é e representa, ao mesmo tempo. Se inventamos o fim do trágico como tragédia, humanizando não o mito, mas enfocando as paixões humanas, o drama, é porque assumimos o exótico, o folclórico e o alegórico, uma vez que é sempre melhor representar – mesmo que seja mostrando aquilo que esperam de nós – do que não ter corpo para ser representado. É preciso o corpo morto para se fazer necropsias, nem que seja o nosso próprio, o do homem cordial. A farsa é sincera, nesses casos. E o comum se torna diferente, voltado para a leitura que desmancha os sentidos da lógica, adicionando significados, como nos palíndromos de Luís Andrade, que leva ao limite do anagrama o *sentido do destino*, fazendo do nome de sua própria filha um jogo com a linguagem, relacionando arte e vida de maneira mais do que reflexiva, ou seja, intransitiva em direção À. À tornado letra que se contraí e se desdobra nela mesmo. Sim, há! E há de haver porque a máquina de produzir *sentido* passa por marcas, sinalizações, indicações, avisos e apelos comerciais já com o olhar subvertido, de olho nas armadilhas que o próprio texto e o contexto já tinham assumido como armadilha do *destino*.

O outro como o mesmo. Você é exótico, você é daqui. O plágio como brincadeira, como jogo. O rotulado não entendido. Tirar da arte, a arte e suspender o cotidiano dentro do cotidiano. Criar o jogo. Inventar o eu no meio de Deus. Nós no meio de Deus. Cotidianamente. Ser, com a criação, um. Fundar o NÓS como um presente que Deus me deu. O anjo caido da palavra. Deu, é amor.

*Taking art out of art*

To take art out of art to bring it to common usage, opening it to escape lines where the body of the action is joined with the body of the text. It doesn't subtract the magic of entertainment nor the reason of the representation. Ultimately, everything is and represents at the same time. If we invent the end of the tragic as a tragedy, humanizing not the myth but focusing on human passions, the drama, it is because we assume the exotic, the folklore and the allegoric, as a means to represent, to push the living forward – even if we just show what is expected from us it is better than not having a body to represent. It is necessary that a dead body be dissected, even if it is our own, of the cordial men. The farce is sincere, in these cases.

The common becomes different, directed to the reading that breaks the senses of logic, adding meanings, as in the Palindromes of Luís Andrade.

The other as the same. You are exotic, you are from here. The plagiarism as a ludic game. The denominated not understood. To take art from art and suspend quotidian within quotidian. To create the game. To invent I in the middle of God, daily. To be one with the creation. To inaugurate us as a gift from this God. The fallen angel of the word. *Deu, é amor.*

[1] *The sentence "Deus é amor" (God is love, in Portuguese), gains a completely different meaning with the absence of the letter "s" in the first word. "Deu é amor" would rather suggest "if one has given, so it is love" or even "to make love is love". The verb to give, in its common use, has this double meaning.*

Ricardo Basbaum
is an artist, writer, and curator working in Rio de Janeiro. Recent shows and projects include "membranosa-entre (NBP)" (Galeria Luciana Brito, 2009) and "re-projecting (utrecht)" (Casco, Utrecht, 2008). He exhibited at the 7th Shanghai Biennale (2008) and at documenta 12 (2007). He is the author of "Além da pureza visual" (Zouk, 2007) and Professor at the Instituto de Artes, Universidade do Estado do Rio de Janeiro.
*é um artista, crítico e curador, trabalha no Rio de Janeiro. Projetos e exposições individuais recentes incluem "membranosa-entre (NBP)" (Galeria Luciana Brito, 2009), "re-projecting (utrecht)" (Casco, Utrecht, 2008), Participou da 7ª Bienal de Xangai (2008) e da documenta 12 (2007), Autor de "Além da pureza visual" (Zouk, 2007). Professor do Instituto de Artes, Universidade do Estado do Rio de Janeiro.*

Alex Cabral
worked as a soloist for the Theatre Guaira Ballet Ensemble and vocalist of the punk band "Os Missionários". After activity as a graffiti and fanzine maker he was recognized as a visual artist. Currently he works with painting, photography, postal art and other activities.
*é um artista autodidata. Já foi solista do Balé Teatro Guaíra, vocalista da banda punk Os Missionários, e, após uma longa atuação no grafite e nos fanzines, foi reconhecido e aceito como artista plástico própriamente dito. Atualmente faz pinturas, handcuts, fotos, arte postal e outras coisas.*

Octávio Camargo
is a composer and theatre director producing actions related to art and technology. He teaches aesthetics and harmony at the University of Music and Fine Arts in Parana (EMBAP). Currently he is directing performances of dramatic enunciation of Homer in Portuguese.
*é compositor e diretor teatral e trabalha em ações relacionadas a arte e tecnologia digital. Ele é professor de estética e harmonia na Escola de Música e Belas Artes do Paraná. Atualmente está dirigindo performances de Homero em português.*

Ken Ehrlich
is an artist and writer based in Los Angeles. He has exhibited in a variety of media, including video, sculpture and photography and often collaborates with architects and other artists in site-specific and community-based projects.
*é artista e escritor residente em Los Angeles. Ele tem exposto em várias mídias, incluindo vídeo, escultura e fotografia, e frequentemente colabora com arquitetos e outros artistas em site-specific e projetos comunitários.*

Jennifer Gabrys
teaches design and environment at Goldsmiths, University of London. Her research and creative practice focuses on waste, climate change, and ecologies and communication technologies.
*ensina design e ambientalismo na Goldsmiths, Universidade de Londres. Sua pesquisa e prática criativa é focada em lixo, mudanças climáticas, ecologia e tecnologias de comunicação.*

Brandon LaBelle
is an artist and writer dealing with sonic culture and locational identity. He is the author of Background Noise: Perspectives on Sound Art and editor of Errant Bodies Press.
*é artista e escritor e trabalha com cultura Sonora e identidade local. É o autor de Background Noise: Perspectives on Sound Art e editor da Errant Bodies Press.*

Margit Leisner
is an artist and curator, graduated from the F+F Schule fur Kunst und Mediendesign in Zurich. She co-curated Poéticas Experimentais da Voz (MAC Niterói / FUNARTE, 2008) and Arte em Circulação (Galeria da Caixa, Curitiba, 2008). She lives in Curitiba, Brazil.
*é artista e curadora, graduou-se em Artes Visuais na F+F Schule fur Kunst und Mediendesign em Zurich. Curadorias recentes foram Poéticas Experimentais da Voz (MAC Niterói / FUNARTE, 2008) e Arte em Circulação (Galeria da Caixa, Curitiba, 2008). Mora em Curitiba, Paraná.*

Josina Melo
is a visual artist and filmmaker. She directed the film "Helena de Curitiba" and "Sobre o Fazer". As a photographic journalist, she documents the work of paper collectors since 2001. The exhibition "O lixo nosso de cada dia" was held at the Public Library of Paraná in 2008.
*é artista visual e cineasta. Dirigiu os filmes "Helena de Curitiba" e "Sobre o fazer". Como reporter fotográfica vem documentando o tema dos catadores de papel desde 2001. A exposição "O lixo nosso de cada dia" aconteceu na Biblioteca Pública do Paraná em junho de 2008.*

Rubens Pileggi
is an artist working with performance and intervention. He is currently completing a Master's degree at the State University of Rio de Janeiro. He conceptualized and coordinated Arte em Circulação at Galeria da Caixa, Curitiba in 2008. He is the author of the publication, "Visual Alphabet".
*é artista visual. Trabalha com performances e intervenções. É mestrando da Universidad Estadual do Rio de Janeiro. Atua, também, como agitador cultural e crítico de arte. Foi coordenador e idealizador do projeto Arte em Circulação, ocorrido na Galeria da Caixa, em 2008, Curitiba, PR. É autor do livro, "Alfabeto Visual".*

Ines Schaber
is an artist based in Berlin working with questions of memory and representation. She is currently developing a series of texts and projects titled, "Looking for an Archival Praxis".
*é artista residente em Berlin e trabalha com questões relacionadas a memória e representação. No momento ela está desenvolvendo uma série de textos e projetos intitulados, "Looking for an Archival Praxis".*

Manual for the construction of a cart as a device to elaborate social connection /
Manual para construção de um carrinho como um dispositivo para elaboração
de conexões sociais
Edited by / Editado por Octávio Camargo & Brandon LaBelle

Errant Bodies Press: Surface Tension Supplement #3
ISBN: 978-0-9772594-7-2
www.errantbodies.org

Photography: Alex Cabral, Josina Melo, Gilson Camargo & Fernando Franciosi
Translation / Traduçôes: Octávio Camargo, Renata Ross Kloss, Margit Leisner &
Rodolfo Jaruga Brandão
Copyediting / Revisão ortográfica: Renata Ross Kloss and Rodolfo Jaruga Brandão
Series editors: Ken Ehrlich & Brandon LaBelle

Design: fliegende Teilchen, Berlin
Printed: Druckerei Conrad, Berlin, 2009

Errant Bodies Press publications are distributed by DAP
www.artbook.com